JN058718

# 基礎からの
# Blender 3

# はじめに

　本書ではフリーの 3D-CG 統合環境「Blender」（ブレンダー）で静止画像を作るために必要な機能と技術を解説しています。

　紙面の都合上、すべての機能の網羅はしていませんが、「Blender」が使えるようになるキッカケにはなると思います。

*

　最近は機械学習の発展が目まぐるしく、Blender でも機械学習を取り入れた「デノイザー」により、ノイズ除去が大幅な進化を遂げ、それまでノイズとの闘いだった「Cycles」レンダーによるワークフローが一気に変化しました。

　「Cycles」レンダー自体も書き直され、大幅に高速化したおかげで、以前より気軽にこのレイトレース・レンダーを利用できるようになりました。

　他にも「ジオメトリノード」や「アセット・ブラウザー」などの新機能が増え、Blender は今も歩みを止めることなく、進化を続けています。

*

　そんなに開発が活発であれば、このような書籍では内容がすぐ時代遅れになってしまいそうなのですが、本書はこの本が出版するころにリリースされる予定の「Blender 3.3」に対応しています。

　このリリースでは「LTS」と呼ばれる、長期サポートが約束されているため、少なくとも「3.3LTS」シリーズを利用する間は、本書の内容も通用するものだと思います。

*

　本書が皆さんの作品づくりの一助となれば幸いです。


山崎　聡

# 基礎からのBlender 3

## CONTENTS

# CONTENTS

# サンプルのダウンロード

　本書の**サンプルデータ**は、サポートページからダウンロードできます。

http://www.kohgakusha.co.jp/support.html

　ダウンロードした ZIP ファイルを、下記のパスワードを「大文字」「小文字」に注意して、すべて「半角」で入力して解凍してください。

# 96eQbaTg

# 本書の表記について

　本書では「Blender」の操作を示すのに次のような表記を使用しています。

| 表 記 | 意 味 |
|---|---|
| [Alt] + [S] | キーボードでの入力 |
| 「移動」ツール、「適用」ボタン、「サンプル数」 | UI 上のアイテム（ボタン、アイコン、スライダ、入力フィールドなど） |
| 「ビューメニュー →」 | 「ヘッダ」などにあるメニュー |

・[Alt] + [S] キーは、キーボード上の**「Alt キー」**を押しながら**「S キー」**を押すことを指します（※）。
・「プロパティエディタ」内の各タブは**「〜プロパティ」**と表記しています。
（例：**「出力プロパティ」**）

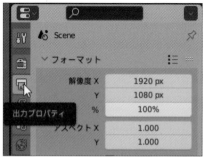

※「MacOS」では **[Ctrl] キー →** **[Command] キー**、**[Alt] キー →** **[Option] キー**

# 第1章

# 導入とトラブルシューティング

本章では、Blender（ブレンダー）の「インストール方法」と「日本語化設定」「その他トラブルの解決方法」について、いくつか解説します。

**blender**

## 1.1　入手とインストール

### ■「Blender」の入手

「Blender」は、公式ウェブサイトから入手できます。

> https://www.blender.org/download/

＊

アクセスすると、現在の環境用のファイルが自動的に選択され、あとは「Download Blender（バージョン番号）」のボタンを押すだけです。

他の環境や「ZIPファイル」は、下の「~ and other versions」（~は環境によって変化）と表示されたリンクをクリックすると、表示されます（以降は「Windows版」を例に説明します）。

### ■「インストーラー」によるインストール

基本的に [Next] ボタンをクリックしていけば、OK です。

右図のライセンスの説明については、「I accept ~」のチェックボックスを「ON」にしてから、[Next] ボタンを押します。

### ● インストール場所について

デフォルトでは、「C:¥Program Files¥Blender Foundation¥Blender 3.3（もしくは他のバージョン番号）」にインストールされます。

もし旧バージョンがあった場合でも、上記のように、「Blender バージョン番号」にインストールしてくれますので、簡単に共存できます。

もちろん、設定もバージョン別に保存されます（後述）。

＊

「インストーラー」によるインストールが完了すると、「.blend」ファイルに自動的に関連付けされ、「Blender」が起動します。

## ■「ZIP 版」でのインストール

好きな場所に「ZIP ファイル」を展開すれば OK ですが、「.blend」ファイルへの関連付けは、自分で行なう必要があります。

## ■ 初回起動時の「スプラッシュ・スクリーン」による日本語化設定

どちらのインストール時でも、初回起動時には、「スプラッシュ・スクリーン」で「言語設定」(Language)、「キーマップ」(Keymap)、「テーマ」(Theme)の設定ができます。

\*

設定は後でも変更できるので、まず、「Language」で、「Automatic」(または「Japanese」)を選択し、日本語化してしまいましょう(**右図**)。

※ 間違って欄外を押したり、「Blender」を終了してしまっても、再起動時にまた出てきます。

最後に **「Next」ボタン**(新規利用時)をクリックすれば OK です。

### ● [Load 3.2 Settings] ボタンによる従来の環境のコピー

もし「Blender 3.2」を使っていた場合には、[Load 3.2 Settings] ボタン(**上図**)が表示され、従来の設定をコピーして利用することもできます。

※「3.3」に未対応のスクリプトは無効になります。

※ 本書では「Blender」キーマップ、「日本語 UI」で解説します。
テーマは印刷の都合上「Blender Light」を使っていますが、デフォルトのままでも問題ありません。

## ■ インストール後のファイル構造

下図のように、本体はインストール場所に置かれますが、「設定」や「履歴」「追加のアドオン」などのファイルは、「ユーザー・フォルダ」に収められます。

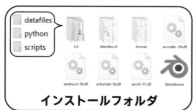
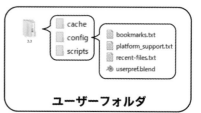

「ユーザー・フォルダ」は、Windows の場合は、次のパスになります。

```
%AppData%¥Blender Foundation¥Blender
```

\*

双方に「**バージョン名**」のフォルダ（「**3.3**」など）があることに注目してください。

ここには、バージョンごとのデータや設定が収められており、各バージョンがそれぞれの設定で併用できるようになっています。

\*

また、ユーザー書き込み権限のある場所（「C:¥Users¥（ユーザー名）」下など）に「Blender」をインストールし、「インストールフォルダ」の「3.3」（バージョン番号）フォルダに「**config**」フォルダ（**空でも可**）を作れば、「ユーザー・フォルダ」とは別の設定になります。

\*

たとえば、「USB メモリ」に「Blender」本体と設定を入れて持ち運んだり、違うフォルダにインストールした「Blender」を、それぞれ別の「キーマップ」や「設定」で使うことができます。

# 1.2　「プリファレンス」ウィンドウによる設定

全体設定は**「プリファレンス」**（**編集メニューからアクセス**）で行ないます。

左側の**「タブ」**で設定グループ切り替え、右側の**「パネル」**内で各種設定を行ないます。

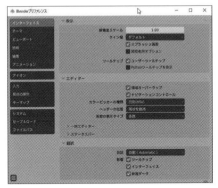

\*

設定は「終了時に自動保存」されますが、左下の**「ハンバーガーボタン」**（[≡]）から手動で保存したり、**「保存したプリファレンスに戻す」**で、今変更した設定をキャンセルすることもできます。

## ■ 推奨するプリファレンス設定

### ●「Cycles レンダー」用設定（必須）

「Blender」のレンダラーの１つ、「Cycles レンダー」は CPU 以外にも、「CUDA」や「OpTix」「HIP」「Metal」などの API による GPU 支援レンダリングに対応しています（対応には API ごとに制限があります）。

**「システムタブ → Cycles レンダーデバイス」**から「API」と「デバイス」を設定することで、利用可能になります。

### ●「視点の操作」タブ →「周回とパン」→「選択部分を中心に回転」

ビューを回転するとき、回転の中心によっては選択部分を見失ってしまうことがあります。

このオプションは、そんなイライラをなくします。

### ●「視点の操作」タブ →「ズーム」→「マウス位置でズーム」

デフォルトでは常にビューの中心でズームしますが、このオプションで好きな位置を中心にズームするようになります。

## ■「キーマップ」について

「キーマップ」とは、「マウスボタン」や「スペース・バー」などの機能や、各種「ショートカット・キー」をまとめたものです。

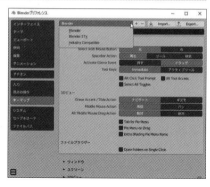

\*

これは「キーマップ」タブから設定でき、プリセットにはデフォルトキーマップの「Blender」、旧ユーザー向けの「Blender 2.7x」、他のアプリと併用する人向けの「Industrial Standard」があります。

**「Blender」キーマップの設定は、以下の通りです。**

・「Select With」（選択）は「Left（左クリック選択 + 右クリックメニュー）」
・「Spacebar」（スペース・キー）は「Play」（アニメーション再生）

## ■「ショートカット・キー」のカスタマイズ

### ● 右クリック・メニューでの「ショートカット・キー」設定

「メニューアイテム」や「プロパティ」などの上で右クリック → 「ショートカットを割り当て」で「ショートカット・キー」を設定できます。

※「3.3」の時点では「プリファレンス」内の設定や、「3D ビューポート」上の「アイコン」など、設定するとエラーになるものがあります。

割り当てずみのキーを指定した場合、無視されることがあります。

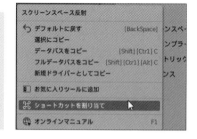

### ● 使われているキーの検索

図の部分を「キーバインド」に変更することで、割り当てられているキーを検索できます。

※ 検索は英文のみです（例：「スペース」→「space」）

● 「プリファレンス」でのショートカット・キー変更

すでに「ショートカット・キー」が割り振られている機能のショートカットキーの変更は、**「キーマップ」タブ内**の下側にあるリストから行ないます。

「コンテクスト」や「エディタ」などで分類されており、**上図のように**機能による検索も可能です。

**図は**前述の「テンキーを模倣」と、「メッシュ編集モード」時の「選択モード」との衝突を、新たに **[Alt] ＋ テンキー [1]** を設定して回避する例です。実用するには、残り2つも同様に変更してください。

・[半角/全角] キーや [CapsLock] キーなど、利用できないキーがあります。
・既存の機能に割り当てられているキーと重複して設定した場合は、先に設定されているほうが優先されます。
・UI の [Restore] ボタンや [←] ボタンで元に戻すことができます（**上図**）。

## ■ その他の入力設定

### ●「入力」タブ →「テンキーを模倣」

「テン・キー入力」による「固定ビューへの変更」操作などが「フル・キーボード」でも可能になります。

ただし、現在は「ビュー・ギズモ」や [Alt] ＋ホイールドラッグでも可能になっているため、あまり出番はないかもしれません。

### ●「入力」タブ →「3 ボタンマウスを再現」

「ペンタブレット」や「トラックパッド」使用時に、「3D ビューポート」などで視点の回転に使う「マウスホイール（中マウスボタン）ドラッグ操作」を、[Alt] ＋ 左ドラッグで代用できます。

＊

[Shift] ＋ [Alt] ＋ 左ドラッグで「平行移動」、[Ctrl] ＋ [Alt] ＋ 左ドラッグで「拡大縮小」になります。

> ※「辺ループ選択」（[Alt] ＋左クリック）などの一部機能が動作しなくなります。また、Linux 環境では、「GNome」や「KDE」のショートカットキーと衝突してしまうため、これらの設定を変更する必要があります。

## ■ ファイルパス設定について

Blender で使われるデータ（テクスチャ）などを開くときの「デフォルト」ファイルパスを指定できます。

決まったところにデータを集めている場合に便利です。

＊

また、画像編集とアニメーション再生用の外部のプログラムも指定できます（制限あり）。

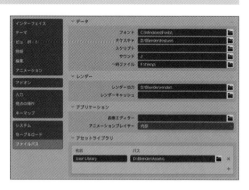

> ※「スクリプト」は「追加」でスクリプトを探す場所の指定であるため、設定してもインストールしたアドオンの保存先は「ユーザーフォルダ」のままです。

## 1.3 トラブル・シューティング

### ■ システムのトラブル

#### ● 表示がおかしい

多くの場合、「グラフィック・ドライバ」に原因があります。

「グラフィック・ドライバ」を最新にすると解決するかもしれません。

また、「Eevee レンダー」を使うには、「OpenGL 3.3」対応で、「2016 年以降にドライバーの更新があったビデオカードやチップ」でないと、うまく動作しない可能性があります。

#### ● 選択がうまくいかない

たいていは、デフォルトの選択設定でうまくいきますが、思うように選択されない場合は、「編集メニュー → プリファレンス → ビューポートタブ → 選択 → GPU デプスピッキング」を OFF にしてみてください。

#### ●「.blend」ファイルが関連付けされていない

インストールしても関連付けされていない場合は、プリファレンスの「システムタブ → OS 設定 → デフォルト化」をクリックしてみてください。

### ■ 作業時のトラブル

何か間違ってキーを押したりなど、特別な状態になった場合、たいていは [Esc] キーまたは [Ctrl] + [Z] キーを押せば戻ります。

それでもダメな場合は、次をチェックしてみてください。

#### ●「オブジェクト」や「選択部分」がいきなり消えた

[H] キーを押して「非表示」になった可能性があります。

（a）「アウトライナー」をチェックし、目のアイコンが閉じていたらクリックするか、（b）「オブジェクトメニュー → 表示 / 隠す → 隠したオブジェクトを表示」（[Alt] + [H] キー）を実行してみてください。

#### ● 移動がカクカクする

おそらく [Shift] + [Tab] キーを押して「スナップ・モード」になっていると思われます。

もう一度押すか、3D ビューポート
上部の図のアイコンをクリックして
OFF にしてください。

### ● 「3D ビューポート」から「グリッド」や「ギズモ」が消えた

　3D ビューポート上部にある「ギズモ」や「オーバーレイ」の表示を切り替
えるボタンを押してしまっています。

　それぞれが「OFF」になっていたら、
「ON」にしてください。

### ● 選択部分を動かすと、選択していない部分までが勝手に動く

　[O] キーを押して「プロポーショナル編集モード」に入ってしまったと
思われます。

　もう一度押すか、3D ビューポート
上部の図のアイコンをクリックして
「OFF」にしてください。

### ● 「3D ビューポート」左上の数字が勝手に動いている

　[ スペース ] キーを押してしまい、アニメーションが再生されている状態
になっています。もう一度 [ スペース ] キーを押せば、止まります。

### ● 「Shader」ワークスペースや「シェーディングモード」の切り替えで止まる

　いちばん下に「Shaders Compilation」
という表示があれば、GPU の準備作
業が行なわれています。

　しばらく待ってみてください。

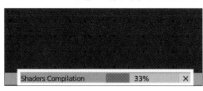

# 第2章

## チュートリアル

この章では「Eevee」レンダーを使って、下図のようなコミカルな「クマ」の人形を作ります。

## 2.1 モデリング

まず最初は、「モデリング」でモデルを作ります。

### ■ 準備

#### ● 必要なもの

- キーボード付き PC。いくつかの操作では [Alt] キーと [Shift] キー、[Ctrl] キーなどの修飾キー、そして「ショートカット・キー」を使います。
- ホイール付きマウス（3 ボタンマウス）。

#### ● マウス操作と表記の簡単な説明

- 右図上は、各マウスボタンの機能です。
- 中マウス（ホイール）ボタンドラッグで「画面の回転」、[Shift] を押しながらで「平行移動」します。
- 「～プロパティ」の表記は「プロパティ・エディタ」内の「縦タブ名」を意味します（例：「レンダー・プロパティ」）。名前は、タブ上にマウスカーソルを置くことで確認できます。

#### ● 「Blender」の起動と、デフォルトの「立方体」の削除

あらかじめ起動後の立方体を消しておきます。

[1]「Blender」を起動します。

[2] 中央の「立方体」を**左クリック**で選択後、「**オブジェクトメニュー → 削除**」（[Del] キーまたは [X] キー）で削除します。
（図は [X] キー使用）。

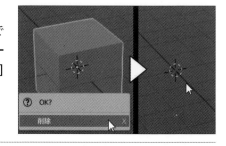

## ■「球オブジェクト」の追加と変更

[1] 「3Dビューポート」（立方体が表示
されていた場所）の上側にある
「追加メニュー」をクリックし、
「メッシュ → UV球」を選択して、
「球」を追加します。

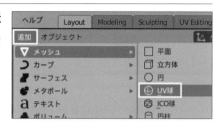

[2] 画面左下に表示される、「UV球を
追加」と書かれている**小さなバー
をクリック**して開きます。

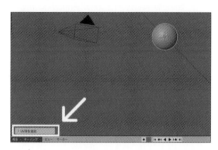

[3] ・「セグメント」を「8」に
・「リング」を「6」に
変更します。

これは「**最後の操作を調整**」パ
ネルといい、直前の操作を調整
して再実行できます。
他の操作をすると消えるので、
注意してください。

[4] **右図**のようになれば成功です。

## ■「胴体」の作成

準備が整ったら編集していきましょう。

＊

まずは球の下の部分を押し出し、「胴体」を作っていきます。

[1] 最上部の「Modeling」とあるタブをクリックします。

これは「**ワークスペース**」といい、
各作業用の「レイアウト」と「モード」に変更されます。「Modeling」の場合は「**編集モード**」に変化します。

[2] 「3D ビューポート」右上にある、
**右図の円**（ビューギズモ）内の
(−Y) と表示された「**薄緑の円**」
**をクリック**します。

この円が中心に回転し、画面が
前からみたビュー（**フロント・
ビュー**）になります。

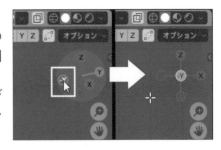

[3] 「3D ビューポート」の左上にある、
選択モードが「**頂点**」になって
いることを確認します（**右図**）。
違えば図のアイコンをクリック
してください。

[4] **いちばん下の「頂点」をクリック**
で選択し、図のように 1 つだけ
選択されている状態にします。
（もし画面が小さくて見づらいな
ら、マウスホイールでズーム可
能です）。

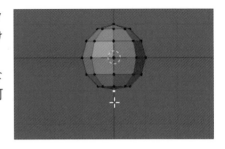

[5] 「ヘッダ」の左にある、**「選択」メニュー → 「選択の拡大縮小 → 拡大」**を実行します。

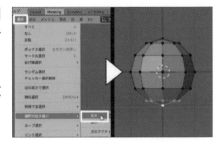

図のように、選択部分が上に広がります。

[6] 「3D ビューポート」左側にある、**「ツールバー」**の中段あたりにある図のアイコンをクリックし、**「押し出し」ツール**に切り替えます。
図のように「ハンドル」が表示されます。

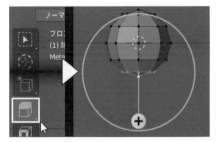

[7] ハンドルを、だいたい頭部と同じくらい下まで**「ドラッグ」**します。

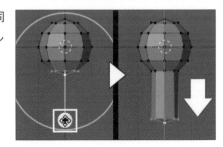

[8] 再び「ツールバー」から、今度は**「ループカット」ツール**を選択し、「3D ビューポート」のヘッダにある図の部分の**「分割数」**に「2」を入力します。

※ ここは「ツール設定バー」と言い、選択中のツールの細かい設定が行えます。

[9] モデルの**縦方向**の「辺」にマウス
　　カーソルを置くと、右図左側の
　　ように「縦方向」の分割線が表
　　示されるので、クリックします。
　　「辺ループ」が2個でき、「3分割」
　　されれば成功です。

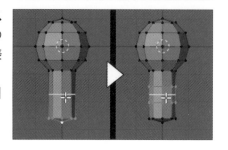

※ この「辺ループ」は「エッジ・ループ」とも呼ばれ、重要な役割をもち
ます。

● **「胴体」の整形**

　今作った「辺ループ」を編集し、「胴
体」をふくらませます。

[1] 今作成した「辺ループ」2つが選
　　択中のまま、**「ツールバー」**の下
　　の方にある**「収縮/膨張」**ツー
　　ルを選択します。

[2] ハンドルをドラッグし、図くら
　　いの大きさにします。

　　この部分の上側には後で「腕」
　　を作り、下側に足を作る予定です。

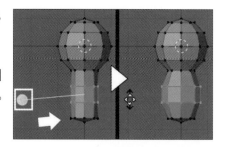

[3] 最後に、いちばん下の部分を小
　　さくします。
　　前ページで行なったように、**「い
　　ちばん下」**の頂点をクリックし
　　て選択後、**「選択」**メニュー →
　　**「選択の拡大縮小 → 拡大」**を実
　　行します。

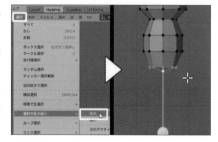

[4] 選択ができたら、ハンドルを**ド
ラッグ**し、図くらいの大きさに
小さくします。

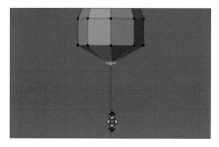

これで胴体が出来ました。

## ■「ミラー」モディファイ と設定

左右対称のモデル作成のため「ミラー」モディファイアーを追加します。

### ●「ミラー」モディファイアーの追加

[1] 画面右側の「プロパティ・エディタ」が「モディファイアー・プロパティ」
であることを確認します（下図左下①）。

[2]「モディファイアを追加」ボタン（②）をクリックし、「ミラー」を選択
します（表示されたメニュー内の「生成」カテゴリの中央付近）。

[3] 追加されたパネルの、
・図の「▽」アイコン（③）
・「二等分」の「X」（④）
・「クリッピング」（⑤）
をそれぞれクリックして有効に
します。
それぞれ「ミラー結果の表示（反
対側の誤編集の防止）」「データ
の二等分」「中央から反対側に越
えた移動の防止」を行ないます。

## ■「サブディビジョン・サーフェス」モディファイアの追加と設定

　続いて、「サブディビジョン・サーフェス」モディファイアを追加します。これは形状を一定の法則で細分化し、曲面を表現する機能で、少ないデータ量から「曲面」を持つ形状を作ることができます。

### ●「サブディビジョン・サーフェス」モディファイアーの追加

[1]「モディファイアを追加」をク
　　リックし、「サブディビジョン・
　　サーフェス」を選択します（①）
　　（同じく「生成」カテゴリの下あ
　　たり）。

[2] パネル内の「細分化 → ビュー
　　ポート」を「2」にします（②）。

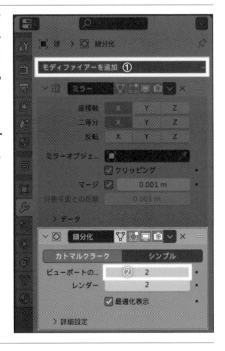

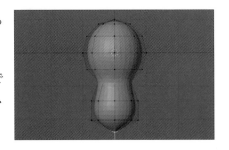

　モデルが図のようにピーナッツっ
ぽい形になっていれば成功です。

　「ファイル」メニュー →「保存」で
いったん「.blend」ファイルに保存し、
一休みしましょう。

## ■「腕」の作成

手足を追加し人形らしくしていきます。
まずは「腕」から作ります。

### ● 腕の作成

[1] 「3D ビューポート」左上から「面選択モード」に変更します（右図①）。

[2] 「押し出し」ツールに変更します（右図②）。

[3] マウスのホイールボタン、または「3D ビューポート」右上の「ビューギズモ」をドラッグして回転し、前（–Y）が左上にくる視点にします。

[4] 右図の「面」を選択します。「後ろ側」の面ということに気を付けてください。

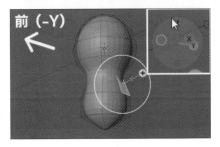

[5] ハンドルをドラッグし、途中で [X] キーを一度押すと、「赤い線」が表示されるので、そのまま真横に伸ばします。
（長さは次で調整します）。

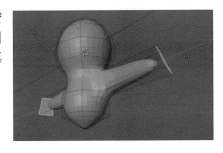

※ マウスドラッグによる移動中に「軸名（X、Y、Z）のキー」を押すと、軸制限ができます。詳しくは「3-2　3D ビューポート内の操作 → ■トランスフォームツールによる操作」をご覧ください。

[6] 「ビューギズモ」の（−Y）のクリックで「フロント・ビュー」に変更後、「トランスフォーム」ツールを選択し、「矢印」と「円弧」のドラッグで、図のように先端の面の「位置」と「角度」を整えます。

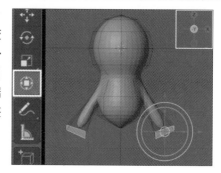

● **腕の「細分化」と「辺ループ選択」**

腕が"ぺったんこ"なので、「丸み」と変化を付けます。

[1] 「ループカット」ツールを選択し、上部の「ツールの詳細バー」で「**分割数**」を「**2**」にした後、腕の横方向の、図のように2か所に辺ループを作ります。

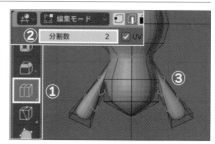

[2] 「スケール」ツールを選択します。

[3] 「辺ループ」の上にマウスカーソルを置き、[Alt]＋左クリックで「辺ループ選択」します。
辺が「オレンジ」と「白」になっていればループ選択ができています。

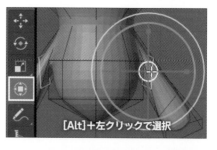

[4] ギズモの白い円を左ドラッグし、選択した「辺ループ」を「拡大縮小」します。

[5] 同様に「**辺ループ選択**」と「**スケール**」を繰り返し、**右図のように**していきます。

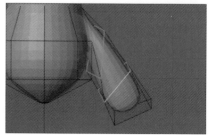

## ■「脚」の作成

「腕」と同様に「脚」も作っていきます。

繰り返しになるので、詳しい説明は省きます。「腕」のページを参考に作ってみてください。

[1] マウスの**ホイールボタン**、または「3D ビューポート」右上の**「ビューギズモ」をドラッグ**して回転し、**右図**のような視点にします。

[2] **「面選択モード」**に変更後、図の**2 つの「面」を選択**します。

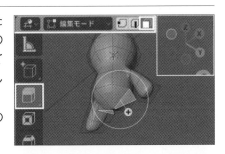

[3] **「押し出し」ツール**で、図の 2 つの「面」を押し出し、**「トランスフォーム」ツール**で先端部の「位置」と「角度」を整えます。

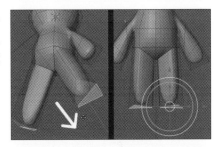

[4] 腕と同じ要領で、脚も**「ループカット」ツール**でカット後、**[Alt]＋左クリック**による「辺ループ選択」と「スケール」ツールで、各辺ループの大きさに変化を付けていきます。

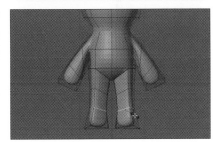

※ 先端部は「辺ループ選択」で選択できません。「面選択モード」で面として選択してください。

※ 先の「ミラー」モディファイアーの設定により、中央に形状が近づくとくっつくことがあります。「編集メニュー→元に戻す」でやり直すか、このモディファイアのパネル内の「マージ」と「クリッピング」オプションを一度 OFF にして対象部分を移動した後、再び ON にしてください。

## ■「頭部」の作成

### ●「耳」の作成

[1] 「面選択モード」に切り替え、ビューを図のように回転後、図の面を選択します。ここも「後ろ側」であることに注意してください。

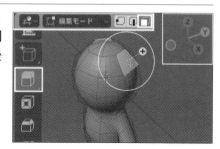

[2] 「押し出し」ツールで上に上げます。

[3] 押し出しで出来た**「前の面」を選択**します。

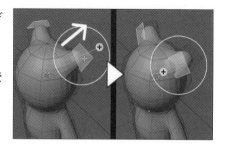

[4] 「面を差し込む」ツールに切り替え、**内側に左ドラッグ**して中に面を作ります。

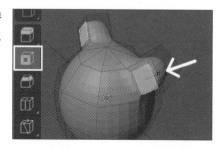

[5] 「押し出し」ツールで奥側に押し込みます。

[6] 押し出した部分が外側にはみ出さないよう、「トランスフォーム」ツールで、位置や大きさを調整します。

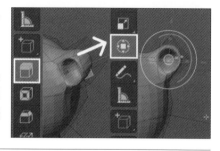

## ●「顔」の作成

　動物らしく鼻と口の部分を面を押し出して作ります。

　そのまま面を押し出すと顔に対して少し大きすぎるので、まず「ループカット」で面をカットします。

[1]「ループカット」ツールに変更（①）し、「3Dビューポート」上側の「ツールの調整バー」から「分割数」を「1」に変更（②）します。

[2] 縦の辺にマウスカーソルを移動し、図のようにカットします（③）。

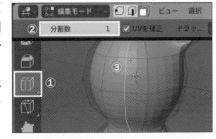

[3]「押し出し」ツールに変更します。

[4]「面選択モード」に切り替え、図の位置の面を選択します。

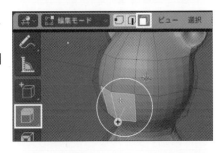

[5] ハンドルを左ドラッグし、前に押し出します。

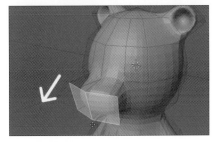

[6]「トランスフォーム」ツールで形を整えます。

この辺はお好みで。

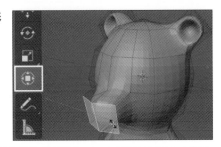

## ● 「鼻」の作成

先端に辺を作り、「鼻」を作ります。

＊

ここまでは辺を作るのに「ループカット」ツールを使ってきましたが、今回は好きな形にカットできる、「ナイフ」ツールを使います。

---

[1] 「ナイフ」ツールを選択します。

[2] 右図の中央の境目から順に図のように「>」形に「左クリック」していきます。
もし間違ったら [Ctrl] + [Z] キーで戻すことができます。

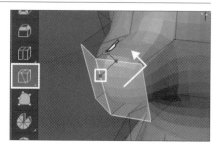

[3] [Enter] キーを押して確定します。

[4] 「辺選択モード」にし、右図の辺を選択します。

[5] 「移動」ツールなどで「緑の矢印」をドラッグし、少しだけ後ろ（Y軸方向）に移動し、鼻の形状を目立たせます。

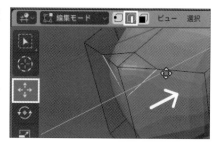

---

## ■ モデルのスムージング処理と異常な形状の修正

　ここまで形状が分かりやすいように、「フラットシェーディング」で表示してきましたが、ある程度形も出来てきたので、滑らかな「スムーズ・シェーディング」で表示するようにします。

[1] 3D ビューポート左上の「編集モード」と表示されている部分（図）をクリックし、**「オブジェクト・モード」**に変更します。
「Layout」ワークスペースでもオブジェクトモードに自動的に変更されますが、視点が変わってしまうのでこの方法を使います。

[2]「右クリックメニュー」から「スムーズ・シェード」を実行します。

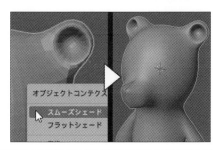

### ● 中央部分の面の除去

　さて、スムーズになったのはいいのですが、真ん中になんだか妙な筋が出来ていますよね。

　これは「ミラー」モディファイアー追加後に中央の辺を含む面を押し出すと、断面に面が作られるためです。
　これを除去しましょう。

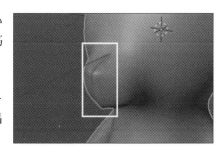

[1]「オブジェクト・モード」であることを確認します。

[2]「3D ビューポート」ヘッダ右端にある**「透過」表示アイコン**（右図）をクリックします。
このモードでは端がハイライト

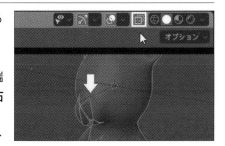

表示されますが、中央部分に妙な面が出来ているのが分かります。

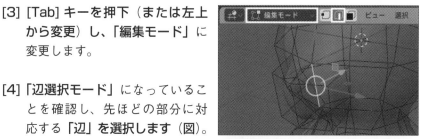

[3] [Tab] キーを押下（または左上から変更）し、「編集モード」に変更します。

[4] 「辺選択モード」になっていることを確認し、先ほどの部分に対応する「辺」を選択します（図）。

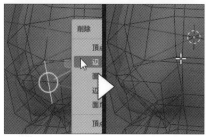

[5] [Del] キー → 「辺」で削除します。中の面も消えました。

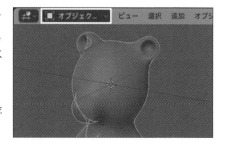

　[Tab] キーなどで「オブジェクト・モード」に戻し確認してみましょう。変になっていた部分が消えているはずです。

　　　　　　　　＊

　このあたりでまたファイルを保存し、休憩しましょう。

## ■「目」の作成

### ●「球」の追加と移動

「球」の追加の前に準備をします。

[1] もう一度 [Tab] キーの押下など
で「編集モード」にし、「頂点選
択モード」に設定後、図の頂点
を選択します。

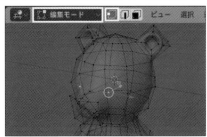

[2]「メッシュメニュー → スナップ」
から「カーソル → 選択物」を実
行します。
図のように「3D カーソル」（赤
と白の輪）が選択した頂点の位
置にあれば、成功です。

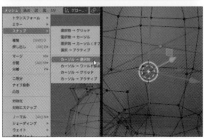

準備ができたので、オブジェクトを追加します。

[1]「3D ビューポート」のヘッダ左
端、または [Tab] キーで「オブ
ジェクトモード」に変更します。

[2]「追加メニュー → メッシュ」か
ら「Ico 球」を追加します。
上の「3D カーソル」の位置に「球」
が追加されているはずです。

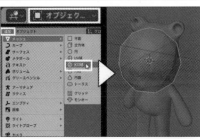

[3] 球の外に出ている部分が分かる
よう、「透過」表示アイコン（前
ページ参照）を OFF にします。

[4]「スケール」ツールで小さくし
ます。

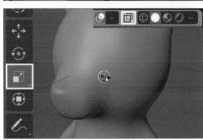

● **オブジェクトのペアレント**

次に、「本体オブジェクト」と「目（球）オブジェクト」を「ペアレント」します。

「ペアレント」とは、「親子関係」のことで、親オブジェクトの移動・回転・拡大縮小が、子オブジェクトに影響するようになります。

[1] 現在「球」が選択中のはずなので、そのまま [Shift] キーを押しながら「本体」オブジェクトをクリックして選択します。

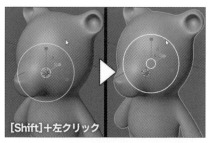

[2] 「オブジェクトメニュー → ペアレント → オブジェクト」を実行します。

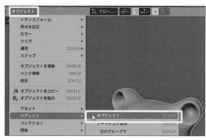

[3] 「本体オブジェクト」を選択し、**「移動」**ツールで適当に移動してみて「目オブジェクト」も追従すれば成功です。
（移動後は [Ctrl] + [Z] キーで元に戻してください）。

● **「目オブジェクト」の複製**

「球」を複製し、もう片方の「目」にします。
ここでは単なる複製ではなく「リンク複製」を使います。

これは、オブジェクトの「形状データ」を共有して複製する機能で、今回のように対になるオブジェクトに便利です。

[1] 「ビューギズモ」の (−Y) をクリックして「フロント・ビュー」にし（①）、「目オブジェクト」をクリックして選択（②）します。

[2] 「オブジェクトメニュー → リンク複製」（③）を実行します。

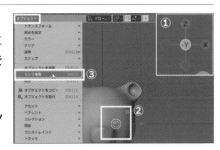

[3] 目が移動可能になるので少し横に移動後「ホイールクリック」すると「明るい赤の線」が表示され、横方向に移動が制限されます。
　　ちょうどいい場所で「左クリック」で確定します。

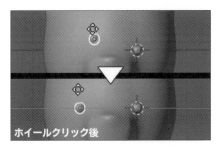

ホイールクリック後

[4] 「右クリックメニュー → スムーズシェード」を実行します。
　　もう片方も自動的にスムーズになっていればリンク複製成功です。

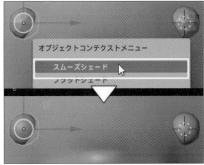

これでモデリングは終わりです。

ファイルを保存し、休憩したら、次は「質感付け」を行ないましょう。

## 2.2 　　　　　　　　　質感付け

### ■「マテリアル」の設定

　「質感付け」を行なうには、まず対象のオブジェクトに「質感」を決めるデータを格納する「マテリアル・データブロック」を付加する必要があります。

### ● 目の「マテリアル」の追加・設定

　まず先に選択中の「目」オブジェクトの質感付けをします。

[1]「目オブジェクト」が選択中のはずですが、違えば選択しておきます。

[2] 最上段中央の「Shading」タブをクリックし、質感付け用のワークスペースに切り替えます。

[3] 中央下の領域には「シェーダー・エディタ」がありますので、そのヘッダ中央にある「新規」ボタンをクリックします。
　「シェーダー・エディタ」内に2つの「ノード」が表示されます（**右下図**）。

[4] 質感を設定していきます。
　左側の「プリンシプルBSDF」ノードの「ベースカラー」の隣のボタンをクリックし「黒」にします。

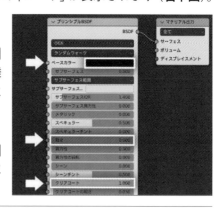

[5]「粗さ」と「スペキュラー」を「0」に、「クリアコート」を「1」に設定します。

　「目」が黒くツルツルになれば成功です（次ページ**上図**）。

## ● 本体のマテリアル設定

次は「本体」です。茶色の「ソフトビニール」状の質感にします

[1] 「本体」オブジェクトをクリック
し選択します。

[2] 目の時同様に「新規」ボタンで
新規マテリアルを追加します。

[3] 「プリンシプル BSDF」ノードの
「ベースカラー」を「茶」にします。

[4] 「サブサーフェス…」に「赤」を
設定し、上の「サブサーフェス」
に「0.2」を設定します。

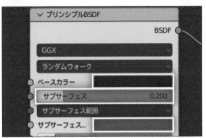

## ● 「鼻」のマテリアル設定

「鼻」の部分の色を変えてみます。

[1] 「編集モード」に入ります。
[2] 「3D ビューポート」右上の
「ビューギズモ」の (X) をクリッ
クし、「ライト・ビュー」にします。
[3] 図の部分を左ドラッグで「ボッ
クス選択」します。

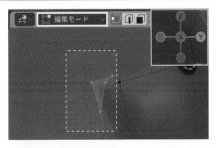

[4] 「シェーダー・エディター」のヘッ
ダの「Slot 〜」と書かれている
部分をクリックします（①）。
[5] [ ＋ ] ボタン（②）をクリック
し、下の「割り当て」ボタン（③）
をクリックします。本体の選択
部分が白くなるはずです。

[6] ヘッダの「**新規**」ボタンをクリックし、マテリアルを追加します。

[7] 「**プリンシプル BSDF**」ノードの「**ベースカラー**」の隣のボタンをクリックし「**黒**」にします。

[8] 「**粗さ**」を「**0.1**」に設定します。

　これでモデルは完成です。ファイルを保存し、ひとまず休憩しましょう。

## 2.3　「背景」と「ライト」の設定

後は「背景」と「ライティング」です。
「HDR 画像」を「ワールド」に設定し、ライトも設定します。

### ■ ワールドへの「HDR 画像」の設定

[1] 「**Shading**」タブ（**ワークスペース**）であることを確認し、「**シェーディング・モード**」を「**レンダー・プレビュー**」に変更します。

[2] 「**シェーダー・エディタ**」のヘッダ左端のセレクトメニューから「**ワールド**」を選択します。

[3] デフォルトでマテリアルが設定されているはずなので、「**追加メニュー → テクスチャ**」から「**環境テクスチャ**」を追加します。

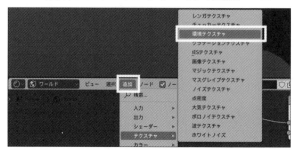

[4]「環境テクスチャ」ノードの「カ
ラー」ソケットと、「背景」ノー
ドの「カラー」ソケットをつな
ぎ、ノード内の**「開く」**をクリッ
クします。

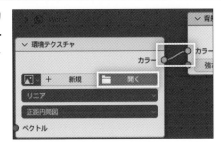

[5]「Blender のインストールパス（**1章を参照**）→（バージョン番号）→
datafiles → studiolights → world」から「interior.exr」をクリックします。
または「https://polyhaven.com/hdris」からダウンロードします（**下図
は「3.1」の場合**）。

なお、この「world」フォルダ内のファイルのライセンスはすべて「ク
リエイティブコモ
ンズ0」なので、
制限なく自由に
利用できます。

## ■ ライティングの設定

　このチュートリアルでは、前の項でワールドによるライティングを行なっ
ているので、光源は追加で影をつけない限り不要です。
（「Cycles レンダー」では、影もワールドで付きます。詳しくは「**第7章**」
を参照してください）。

＊

　そのため、今回は現存の「ライトオブジェクト」を削除します。

[1] **画面右上の「アウトライナー」**
で**「Light」オブジェクト**をクリッ
クして選択します。
[2] **右クリックメニューから「削除」**
を選択、または **[Del] キー**で削
除します。

## 2.4 「Eeveeレンダー」と「カメラ」の調整

最後に「Eeveeレンダー」と「カメラ」を調整します。

[1] 「レンダープロパティ → アンビ
エントオクルージョン (AO)」と
「スクリーンスペース反射」をク
リックし有効にします。これで
本体に発生する「影」と「反射」
がリアルになります。

[2] 「オブジェクトモード」（①）に
し、「ビューギズモ」のカメラア
イコン（②）をクリックして「カ
メラ・ビュー」にした後、「境界
線部分」（③）をクリックして「カ
メラ（Camera）」オブジェクト
を選択します。

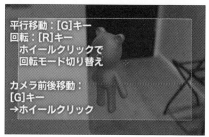

[3] カメラを操作して調整します。
カメラビューでのカメラ操作は
ギズモでできないので、図の
「ショートカット・キー」を利用
してください。

平行移動：[G]キー
回転：[R]キー
　ホイールクリックで
　回転モード切り替え

カメラ前後移動：
[G]キー
→ホイールクリック

---

● 静止画像のレンダリング

いちばん上のバーから「レンダーメニュー → 画像をレンダリング」
（[F12]キー）を実行すると、もっと綺麗な静止画像をレンダリングできます。

・「新規ウィンドウ」にレンダリング画像が表示されます。
・画像の保存はこのウィンドウ内の「画像メニュー → 保存」を使います。

*

以上でチュートリアルは終わりです。お疲れ様でした。

# 第3章

# インターフェイス

本章では、「Blender」の少し独特なインターフェイスについて解説しています。

項目は多いですが、すべてを一度に覚えなくてもかまいません。

実際に触ってみて、つまずいたところを調べるようにしてみてください。

## 3.1　画面のレイアウトと全体的な操作

まず、「Blender」の「インターフェイス」を改めて見ていきましょう。

### ■「デフォルト画面」の構成

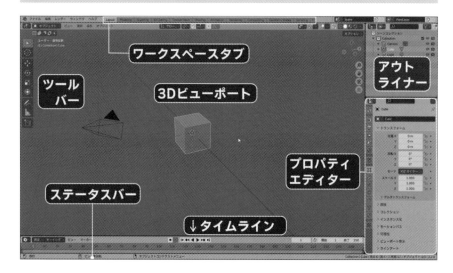

上記は、デフォルト画面の各部の名称です。

> ※ 本書では「タイムライン」は使いません。
> ※ 印刷上の都合により、明るく見やすいように「テーマ」を変更（「編集メニュー → プリファレンス … → テーマ → Blender Light」）しています。

### ● 3D ビューポート

Blender 内の 3D 空間を映し出し、作業を行なうスペースです。

「ヘッダ」には **「メニュー」** と **「オプション」** が配置され、「ツールバー」には **「ツール」** が配置されています。

### ● アウトライナー

「Blender」の 3D 空間や、ファイル内のデータの階層構造の表示と編集ができます。

## ●「ツールバー」と「ツールの設定バー」

「ツールバー」では「左マウスボタンに割り当てる」ツールを選択します。

ドラッグで大きさを変更でき、「二列表示」や「非表示化」も可能です。

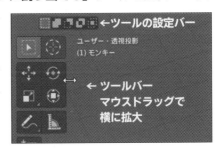

右下に三角があるボタンでは「マウスボタン長押し」で、そのツールの他のタイプが選択できます。

すぐ上の「ツールの設定バー」では、現在選択中のツール設定ができます。

## ● プロパティ・エディター

選択中のアイテムの「プロパティ」を表示し、編集する場所です。

作業の多くは、ここと「3D ビューポート」で行なうことになります。

左側のタブで内容を切り替えでき、最上位の「ツールタブ」で上記の「ツール設定バー」と同じ内容になります。

## ● サイドバー

「3D ビューポート」右上の [<] アイコンをクリックすることで、右側に「サイドバー」が表示されます。

ここからアイテムの「プロパティ」や「オプション」「アドオンのツール」などに素早くアクセスできます。

デフォルトでは非表示です。

## ● ステータスバー

マウス操作の「ヘルプ」と現在のファイルのデータ統計が表示されます。

## ■ ワークスペースについて

　Blender には、主な作業内容に合わせた「レイアウト」や「編集モード」が設定された**「ワークスペース」**が用意されています。

### ● ワークスペースタブ

　画面上部の「タブ」から、「ワークスペース」を選択できます。
　用途に合わせ、「編集モード」（後述）も自動的に切り替わります。

### ● 各作業と「ワークスペース」の大まかな流れ

　下図は、各作業内容に対する「ワークスペース」と大まかな流れです。
　ただし、流れは絶対ではありません。
　「テクスチャ・ペイント」後にモデルを修正したり、「コンポジティング」後に、レンダリング画像を再出力することはよくあります。あくまでも目安だと思ってください。

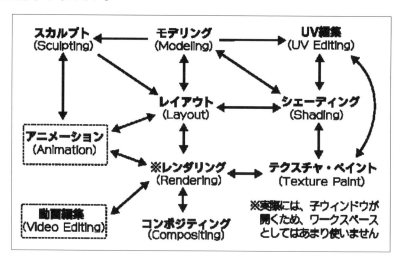

※ アニメーションに関する機能（**上図**点線囲み内）は本書では解説しません。

## ■「ワークスペース」のレイアウト変更

各ワークスペースは作業しやすいように、レイアウトを編集できます。

### ● 領域の分割と統合

マウスカーソルを各エディタの隅に移動し「+」表示になれば（右図）、「ドラッグ」方向により、「分割」と「統合」ができるようになります。

たとえば、他のエディタのほうにドラッグすれば「統合」します。

※ 境界線上での「右クリック・メニュー」からも統合や分割などが可能です。

### ●「エディタ・タイプ」の切り替え

ヘッダ左端のアイコン（右図①）から、「エディタ」を選択可能です。

### ●「編集モード」の変更

その隣のメニュー（右図②）から、選択オブジェクトに対応する「編集モード」（後述）が選択できます。

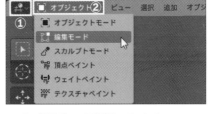

### ●「ヘッダ」や「タブ」のスクロール

表示部分が狭くて UI が隠れていても、「中 (ホイール) ドラッグ」でヘッダやタブをスクロールできます。

### ● 現在のエディタの最大化

> ・ビューメニュー → エリア → エリアの最大化切替え
>
> ([Ctrl] + [ スペース ] キー)

現在マウスカーソルのあるエディタを最大表示します。

一時的にエディタの1つを大きくして作業したいときに便利です。

## ■ 追加と削除

### ● 追加

・追加メニュー（[Shift] ＋ [A] キー）

大半のエディタでの追加は「**追加メ
ニュー**」から行ないます。

実行後の挙動は、エディタによって違い
ます。

たとえば「3D ビューポート」であれば、
後述の「**3D カーソル**」に作られ、次の「**最
後の操作を調整**」**パネル**が開きますが、
「ノード・エディタ」では追加後に移動で
きるようになっています。

          \*

また、モードによって追加されるものが違うこともあります。
「**オブジェクト・モード**」では「オブジェクト」が追加されますが、後述
の「**編集モード**」では、そのオブジェクトの形状データが**同じオブジェクト
内に**追加されます。

### ●「最後の操作を調整」パネル

「3D ビューポート」でツールを使っ
た後、左下に図のような「フローティ
ング・パネル」が表示されます。

ここで直前のツールの「プロパティ」や「オプション」を調整することで、
自動的にその設定で再実行されます。
特に、「**3D ビューポート**」の「**追加**」は、この操作が前提です。

> ※ 間違って他のツールを実行してしまうと、そのまま確定になります。

### ● 削除

・オブジェクトメニューなど → 削除（[X] または [Del] キー）

選択中のオブジェクトなどを削除します。[Del] キーは確認しません。

モードによっては、対象や処理方法のメニューが開くことがあります。

## ■ ツール実行の取り消しと再実行、操作履歴表示

・編集メニュー
→ 元に戻す（[Ctrl] + [Z] キー）
→ やり直す（[Shift] + [Ctrl] + [Z]）
→ 操作履歴 ...

　直前の操作の「取り消し」「再実行」「履歴表示」を行ないます。

## ■ メニュー検索・オペレーター検索

・編集メニュー、[F3] キー（メニュー検索）

　機能を日本語で検索でき、そのまま実行が可能です。

## ■ お気に入りツール

・右クリックメニュー → お気に入りツールに追加
・[Q] キー（使用時）

　好きな「ツール」や「プロパティ」（一部のみ）を入れることができるツールです。

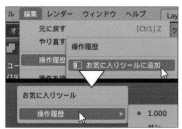

---

・「編集モード」のツールなど、特定のモードのみ有効になるツールは、そのモード以外では表示されません。
・プロパティは、右クリック時に「お気に入りツールに追加」が表示されるもののみです。また、プリファレンスのプロパティは登録できません。

## 3.2 3D ビューポート内の操作

### ■「ナビゲート・ギズモ」による回転とプリセットビュー

「3D ビューポート」の右上には、図のような「アイコン」と「軸」が表示されており、ここからマウスクリックやドラッグで、ビューが操作できます。

いちばん上の**「座標軸」**は、ビューに合わせて回転し、マウスがここに入ると、白くハイライト表示され、ドラッグ操作できるようになります。

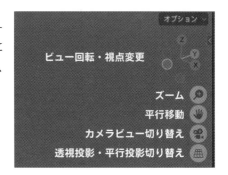

### ● プリセット・ビュー

**「座標軸」**の「○」をクリックすると「プリセット・ビュー」に切り替わります。

現在のビューの名前は「3D ビューポート」の左上で「投影方法」（後述）と一緒に確認できます。

「プリセット・ビュー」は、**右下図**のように対応しています。

\*

「プリセット・ビュー」は、「テンキー」でも切り替え可能で、**[Ctrl] キー**を同時に押すと反対側の視点に、間の **[8][6][4] [2] キー**ではその方向に**「回転」**し、**[5] キー**でビューの**「透視投影 / 平行投影」**を、**[0] キー**で**「カメラビュー」**を切り替えできます。

## ● カメラビュー

・ビューメニュー → カメラ
（テンキー [0]）

　実際にレンダリングする範囲が枠
として表示され、外側が暗くなります。
**「ビュー → カメラ設定 → アクティ
ブオブジェクトをカメラにする」**
（[Ctrl] ＋テンキー [0]）で、他のオブ
ジェクトをカメラに指定（切り替え）できます。

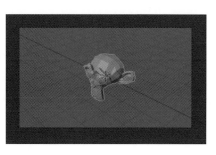

## ●「透視投影」と「平行投影」

　「3D ビューポート」では、奥行き
がつく**「透視投影」**と、付かない**「平
行投影」**が選択できます。
　「平行投影」はモデリング時に便利
です。

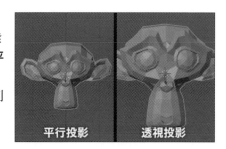

平行投影　　　　透視投影

## ■ 中マウスボタンによるビュー操作

・中ドラッグ：回転
・中ドラッグ ＋ [Shift]：平行移動
・マウスホイール上下：ズーム

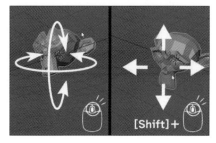

[Shift]＋

　直接**「中（ホイール）ドラッグ」**
で操作することもできます。
　前述の「ナビゲート・ギズモ」を
使うよりすばやく操作できて便利です。
　さらに **[Alt] ＋ 中クリック**や **[Alt] ＋ 中ドラッグ**すると……。

　※「中（ホイール）ドラッグ」は 3D ビューポート以外の他の Blender の
エディタでも、「画面の移動」に使われています。

### ■ 便利なビュー

「ビューメニュー」には、他にも便利なビューがあります。

#### ● ローカルビュー

> ・ビューメニュー → ローカルビュー
> （[/] キー）

　選択中のオブジェクト（複数可）
のみ表示する「ローカルビュー」に
切り替えます。モデリング時に便利
です。

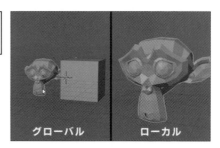

#### ● 選択部分のズーム

> ・ビューメニュー → 選択を表示
> （テンキー [. ]）

　選択部分をズームアップします。
他のエディタでも使えます。

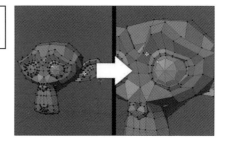

#### ● 全体表示

> ・ビューメニュー → 全てを表示
> （[Home] キー）

　全体が表示され、状況が分かりや
すくなります。

　こちらも他のエディタでも使え
ます。

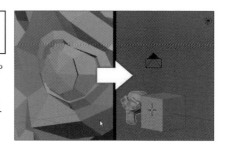

　他にも、三方からの視点を固定した**「四分割表示」**（**ビューメニュー →
エリア → 四分割表示**）など、**「ビューメニュー」**には便利なビューがあり
ます。チェックしてみてください。

## ■ 3D ビューポートの表示設定

### ● 表示設定

「3D ビューポート」のヘッダの右側には、表示用の設定があります。

「オブジェクト・タイプ別表示設定」は名前の通りなので、残りを見ていきましょう。

### ● ギズモ表示設定

「ギズモ」は、マウスでツール操作を直感的に行なうツールです。

前述の「ナビゲート・ギズモ」や後述の「トランスフォーム・ギズモ」などがあります。

右図の囲みの**「左側のアイコン」**で、ギズモ全体の表示を切り替えできる他、**「右側のボタン」**から各ギズモの表示設定が可能です（図は一部）。

### ● オーバーレイ設定

「3D ビューポート」内に情報を表示する「オーバーレイ」の表示設定です。

＊

右図の囲み内の左側のアイコンのクリックで、「オーバーレイ」全体の表示を切り替えできます。

これには「グリッド」などの情報の他に、「カメラ」や「ライト」など、レンダリング画像には出力されないオブジェクトの表示も含まれます。

右側のアイコンで、図のように設定が開きます。

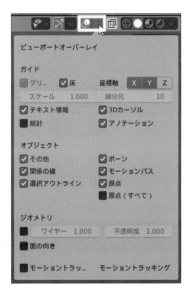

● シェーディング・モード

> ・3D ビューポートヘッダ、[Z] キー（パイメニュー）

　「3D ビューポート」右上で「シェーディング・モード」を切り替えできます。

※「マテリアル・プレビュー」と「レンダー・プレビュー」に切り替えたとき、表示の準備処理で一時的に画面が止まることがあります。

● シェーディング・モード設定

　「オーバーレイ」など同様に、右側の [ v ] ボタンで「各モード用」の設定が開きます。

　たとえば「マテリアル・プレビュー」では、デフォルトは「プリセット・ライト」（スタジオライト）のみで、シーン内の照明は無視されますが、代わりにシーンの照明を使うように設定できます（**右図**）。

● 透過表示

> ・3D ビューポートヘッダ
> 　　　　　　　　（[Alt] + [Z] キー）

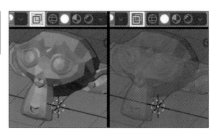

　形状の表示を透過します。
　さまざまな作業で必要になる機能です。

● **裏面の非表示**

　平面を床や壁にした場合、片面だけ「非表示」だと作業しやすくなります。

・「ソリッド」シェーディング・モード
　では、前述の「シェーディング・モー
　ド設定」で一括に切り替えできます。
・「マテリアル・プレビュー」以上では、
　各オブジェクトの「マテリアル」に
　設定があります。

■ 選択操作

● **左クリック選択と「アクティブ」**

　「左クリック」で「選択」できます。
[Shift] キー ＋「左クリック」で、
「追加選択」になります。

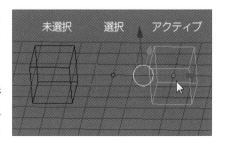

　最後の選択は「アクティブ」と呼
ばれ、他の選択より明るく表示され
ます。「ペアレント」機能などのツー
ルで特別な意味をもちます。

● **ツールバーの選択ツールと切り替え**

・ツールバーの「選択」ツール上で
　長押し（選択ツールメニュー表示）
・[W] キー（選択ツール切り替え）

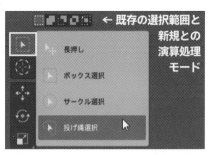

　「長押し」選択ツールは、選択後に
「ドラッグ」で移動できるようになり
ます。他は名前の通りの選択方法に
なります。

　デフォルトでは「新規選択」になりますが、**「ツールの設定バー」**から、
現在の選択範囲に対する挙動（追加選択など）を切り替えできます。

### ● 他のツール使用中の選択

他のツール（「トランスフォーム」など）使用中でも、ハンドル「以外」でクリックやドラッグすることで選択可能です。

ドラッグ時の挙動はデフォルトでは「ボックス選択」ですが、「ツールの設定バー」の「ドラッグ」にて切り替えが可能です（**右図**）。

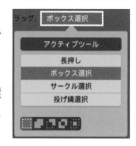

### ● 選択解除

何もない部分で**「左クリック」**すると選択解除されます。

### ● 全選択・全選択解除

**「選択メニュー → すべて」**または**[A] キー**を押すと、すべて選択されます。

※ [Ctrl] + [A] キーではないことに注意してください。

**「選択メニュー → なし」**または**[A] キー**を素早く2回押すと、すべての選択が解除されます。

### ● 重なっている部分での選択

**[Alt] + 左クリック**でカーソル下のオブジェクトのリストが表示されます。

多数のオブジェクトが重なっているときに便利です。

### ● アウトライナーによる選択操作

アウトライナーからも、各行のクリックでアイテムが選択できます。

選択状態は、図のようにアイコンと背景色の変化で表示されます。

複数選択も可能ですが「3D ビューポート」とは違い、次のような挙動になっています。

---

・[Ctrl] + クリック：追加選択（最後の選択がアクティブになる）
・[Shift] + クリック：既存のとの間を選択（最後はアクティブにならない）

---

\*

他にも、「グループで選択」や「種類で選択」、「パターン選択（名前選択）」などの選択方法があります。

「選択メニュー」をチェックしてみてください。

## ■「トランスフォームツール」による操作

「トランスフォームツール」（**図**）で、「移動」「回転」「スケール」（トランスフォーム）の操作ができます。

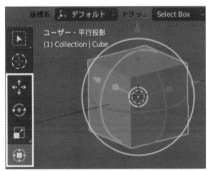

上からそれぞれ「移動」「回転」「スケール」「全部」に対応しています。

「スケール」ツールのみ「長押し」で箱状の「ケージギズモ」での拡大縮小ツールになります（**右下図**）。

片方を固定してサイズを合わせたいときに便利です。

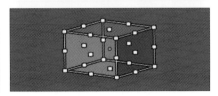

※ ドラッグ中に [Shift] キーを押すと値の増減が「ゆるやか」に、[Ctrl] キーを押すと「一定数」になります。

### ● ショートカット・キーによるトランスフォーム

・「移動」（[G] キー）、「回転」（[R] キー）、「スケール」（[S] キー）

ツール切り替えが面倒な人のために、ショートカット・キーもあります。

※ [S] キーだけでも覚えておくと、「トランスフォームツール」などとの併用でいろいろ便利になるので、お勧めです。

## ● 軸空間の指定と種類

操作する「座標系」を指定できます。

「トランスフォームツール」では「ツールの設定バー」「3D ビューポート中央」、後述の「ギズモ設定」版では同設定内で指定可能です。

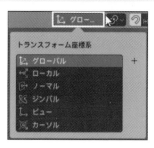

| デフォルト | 「3D ビューポート」中央の設定で上書きされる。 |
|---|---|
| グローバル | 3D 空間全体の座標系を使う。 |
| ローカル | オブジェクトの向きを使う。「モデリング」などで便利。 |
| ノーマル | 「面」や「ボーン」の向きを使う。「モデリング」や「ポージング（本書では割愛）」に便利。 |
| ジンバル | 「X 軸」「Y 軸」が回転に追従して動き、「Z 軸」が固定される。「カメラ」や「サンライト」で便利。 |
| ビュー | 画面上の「X 軸」「Y 軸」でトランスフォームする。 |

## ● マウス移動中の特別な操作

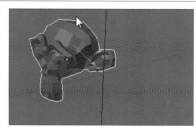

- 「ギズモ」「ショートカット・キー」、その他「マウス移動」が発生する操作での移動中、**「中マウスボタン」**を押すと、**「軸制限」モード**に入り、最も移動量の多い軸で制限されます。

- 同様に**軸名（[X] [Y] [Z] キー）**の入力でも軸制限が可能で、同じキーを押すと座標系が変化します。

- **[Shift] キー + 軸名キー**でその軸「以外」に制限できます（例：[Shift] + [Z] キーで「XY 平面」上を自由移動）。

- **「数値入力」 + [Enter] キー**で、移動や回転量などを直接指定できます。

## ● ギズモ設定内の「オブジェクトギズモ」

実は 3D ビューポートのギズモ設定からも「トランスフォームギズモ」が利用できます。後述の「編集モード」と軸空間を別々に設定できます

## ● プロポーショナル編集モード

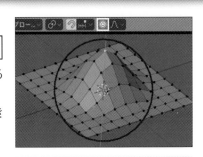

・ヘッダのアイコンまたは [O] キー

距離に比例して、与える影響を変えるモードです。

影響範囲は**マウスホイール**で調整できます（図の円）。

※「円」が見えないときは範囲を縮小してみてください。

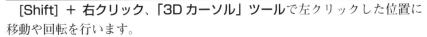

## ■ 3D カーソル

「3D カーソル」は、重要なツールの1つで、以下のような役割があります。

・オブジェクト追加時の位置の指定
・オブジェクトを操作するツール（「オブジェクト整列」「スナップ」などの基準
・「回転」や「スケール」の中心の指定（ピボット）

[Shift] + **右クリック**、「3D カーソル」ツールで左クリックした位置に移動や回転を行います。

[Shift] + [C] キーや、次の「スナップ」機能でリセットできます。

## ■ スナップ・パイメニュー

・オブジェクトメニューなど → スナップ（[Shift] + [S] キー）

選択物を指定の位置に素早く移動できます。

項目は変わりますが、他のエディタやモードでも利用可能です。

たとえば、

[1] オブジェクト A を選択
[2] 「カーソル → 選択物」（下）
[3] オブジェクト B を選択
[4] 「選択物 → カーソル」（上）

の手順で、「オブジェクト A」の位置に「オブジェクト B」を簡単に移動できます。

> ※ 複数の要素を移動するときは、**「選択物 → カーソル」** の代わりに **「選択物 → カーソル（オフセットを維持）」** を選択すると、「お互いの距離を維持して移動」します。

## ■「ピボット・ポイント」の設定

---
・ヘッダまたは [ . ] キーパイメニュー
---

「ピボット・ポイント」とは、回転やサイズ変更時の中心点のことです。

使用例として、前述の「3D カーソル」との連携があります。

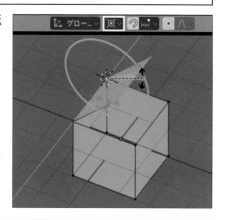

**右図**では、箱のフタの面を開けるのに、「3D カーソル」を支点になる頂点に「スナップ」後、「ピボット」を「3D カーソル」にして他の頂点を回転しています。

> ※「トランスフォーム・ギズモ」使用時は、「ピボット・ポイントの位置」に表示されることに注意してください。

## ■ スナップ・モード（他のエディタ共通）

---
・ヘッダまたは [Shift] + [Tab] キー
---

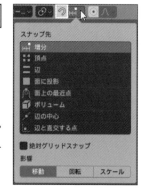

「またスナップ？」と思うかもしれませんが、こちらは「モード」なのです。

＊

ヘッダにある **「U 型磁石」アイコン**をクリックすると、以降の「トランスフォーム操作」（移動や回転など）が、デフォルトの「増分」により、一定間隔で行なわれます。

つまり [Ctrl] キー + マウス移動を押しているのと同じになります（このとき [Ctrl] + マウス移動の機能は反転します）。

他の「スナップ」の挙動は、隣のアイコンから変更できます。
たとえば、「面」へのスナップは「リトポロジー」と呼ばれる「スカルプト」で作ったモデルを、扱いやすいように再構築するのに使われます。

> ※ ここで選択した「スナップの挙動」は、[Ctrl] ＋マウス移動にも影響します。

## 3.3 「プロパティ・エディタ」と「UI」の要素

「プロパティ・エディタ」は、Blender の中心となるエディタの1つで、選択中の「シーン」や「レンダー」、「オブジェクト」のプロパティやオプションを編集したり使用したりできます。

### ■「プロパティ・エディタ」のインターフェイス

#### ● タブ

エディタの左側には、縦に「タブ」が並び、カテゴリに分けられた「プロパティ」を切り替えできます。

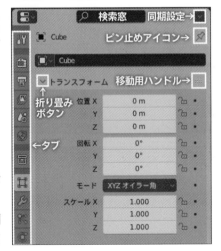

#### ● 検索窓

プロパティを検索できます。

#### ● パネル

各タブ内では、プロパティが「パネル」で分類されています。
行頭の「>」をクリックすると開閉し、右端の「::::」をドラッグして移動することもできます。

#### ● ピン止め

いちばん上の「ピン止め」アイコンで、現在のプロパティの表示対象（オ

ブジェクトなど）を固定できます。

「プロパティ・エディタ」を分割し、「レンダー設定」と「マテリアル設定」を同時に設定したいときなどに便利です。

※ ピン止めアイコンは他のエディタにもあります（例：シェーダー・エディタ）

● **同期設定**

「アウトライナー」中で形状などのデータ・アイコンをクリックした時、タブが同期するかどうかを設定します。デフォルトは「自動」です。

## ■ プロパティをデフォルト値に戻す

・右クリックメニュー → デフォルトに戻す

プロパティを変更した後で、デフォルト値が分からなくなった場合、上記の操作ですぐ元に戻すことができます。

## ■ データブロック・メニュー

「プロパティ・エディタ」などの主要なエディタには「データブロック」を選択するための「データブロック・メニュー」があります。

「データブロック」とは、Blender 内で扱うデータを管理する概念で、同種の「データブロック」は、自由に付け替え（再リンク）できます。

たとえば、メッシュ・オブジェクトを追加後、他のオブジェクトのデータと付け替えて共有することもできます（**右図**）。

共有時は名前の横に数字が増え、共有の数を示します。ここをクリックすると共有は解除され「コピー」になります。

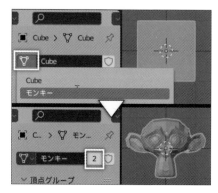

### ● データブロックの内容の確認

　各データブロックのプロパティは、「アウトライナー」の「Blender ファイル」ビューにて、「画像データブロック」の場合は「画像エディタ」で、内容が表示できます。**「3-4　ファイルの管理」**も確認してみてください。

### ● データブロックの削除と「フェイク・ユーザー」(盾ボタン)

　各データブロックは「×」ボタンを押してもすぐ削除はされず、単にその利用者(オブジェクトなど)とのリンクが解除されるだけです。

*

　実際の削除は、「.blend ファイル」保存時、対象が完全に未使用のときに削除されます。

---

・保存時に確実に削除したい場合は [Shift] キーを押しながら「×」(リンク切断) ボタンをクリックします。

・逆に保存時の自動削除を回避したい場合は、「名前フィールド」の隣の**「盾アイコン」**をクリックします。

---

### ■「カラー・ボタン」と「カラー・ピッカー」

　「カラー・ボタン」とは、色を指定するための色付きのボタンで、クリックすると「カラー・ピッカー」(**右図**)が表示されます。

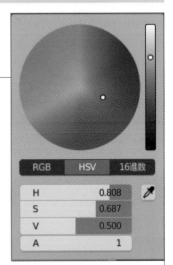

・上の**「カラーホイール」**や**「RGB」「HSV」「16進数(Web カラー表記、「#F7FFCF」など)」**のモードで色を作成できる他、**「スポイト」**機能で、Blender 内の色を拾ってくることもできます。

・「カラー・ボタン」を他の「カラー・ボタン」にドラッグ&ドロップして色をコピーすることもできます。

　他に実行中の Blender 間では「16進数」でコピー&ペーストが可能です。

## ■ オブジェクトの指定

　プロパティには、オブジェクトを指定するフィールドがあり、複数の方法で指定が可能です。

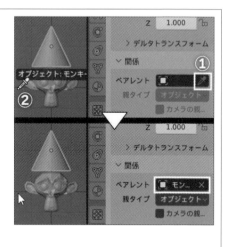

・ 対象が画面上にある場合「**スポイト**」で選択できます（**右図**）。
「**スポイト・アイコン**」（①）をクリックし、対象のオブジェクトを「**3D ビューポート**」または「**アウトライナー**」で**クリック**（②）します。

・ 名前が分かる場合は、リストから選択するか、キーボード入力します。「**入力補完機能**」により、途中まで入力で候補を絞ることができます。

## 3.4　ファイルの管理

## ■ ファイル・ブラウザ

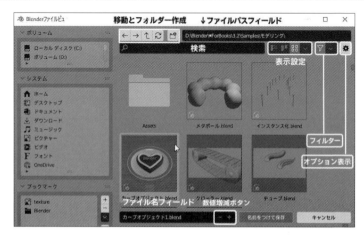

　Blender では、専用の「ファイル・ブラウザ」でファイルを扱います。

### ● 設定について

・**「表示設定」のアイコン**から、表示タイプ（「詳細表示」や 「サムネイル表示」）が設定可能です。

・**「フィルタ」**では「ファイルの種類」ごとの表示切り替え ができます。

・**「歯車アイコン」**（上部右端）で、「オプション」が右側に表示されます（**図**）。

### ● ファイルの保存

・「拡張子」は自動的に付きます。

・名前が重複している場合、「ファイル名フィールド」が赤くなります。

・「ファイル名フィールド」右側にある **「＋－」ボタン**で、「ファイル名のいちば ん右端の数値」を増減できます（ない場合は自動的に追加）。 バージョン管理に便利です。

・「.blend」ファイル保存時に **「ファイルを圧縮」オプション**を使うと、ファイ ルサイズを小さくできます。

> ※ ファイル読み込み時間と、ファイル間のリンク時にメモリ消費量が増 えるというリスクがありますが、小さなファイルでは問題にならないと 思われます。

### ● ファイルの読み込み

・「.blend」ファイルには作業時のレイアウトも保存されており、デフォルトで は一緒に読み込まれます。しかし **「オプション表示 → UI をロード」**を **OFF** にすることで、「現在のレイアウト」を使って読み込むことができます。

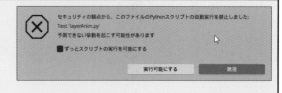

**コラム ファイル読み込み時のセキュリティについて**

　Blender には、「スクリプト」や「ドライバー」といった Blender を制御する機能がありますが、セキュリティの理由により、デフォルトではファイル読み込み時に、図のようなダイアログを表示し、自動的に実行しないようになっています。

　もし安全だと分かっているファイルであれば、**「実行可能にする」**をクリックすると実行します。「無視」なら実行します。

　今後安全だと思われるファイルしか利用しない、というのであれば、このときに**「ずっとスクリプトの実行を可能にする」オプション**を ON にするか、**「プリファレンス → セーブ&ロード → Python スクリプトの自動実行」**を ON にしてください。

## ■ 自動保存と復元

　「Blender」は、一定時間ごとに現在のファイルを「一時フォルダ」（「プリファレンス」にて設定可）に**「( ファイル名 )_( プロセス ID)_autosave.blend」**の名前で自動保存します。

　**「ファイルメニュー → 復元 → 自動保存」**で、Blender が異常終了した場合も、一時フォルダに自働保存されているファイルを読み込みできます。

　また、**「ファイルメニュー → 復元 → 最後のセッション」**で、Blender の最後の終了時の自動保存ファイル「quit.blend」を読み込むことができます。

　間違って「保存せずに終了」を選んでしまったときなどに便利です。

## ■ アペンドによる他の「blend ファイル」の再利用

他のファイルから、オブジェクトやデータを「コピー」する機能です。

[1] 「ファイルメニュー → アペンド...」で「ファイル・ブラウザ」を開き、で目的のデータがあるファイルを探し、**「ダブル・クリック」**します。

[2] 各タイプのフォルダが表示されるので、対象のタイプのフォルダを**「ダブル・クリック」**します。

[3] 欲しいデータを選択し、最後に [ア ペンド ] ボタンをクリックします。

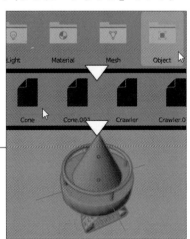

次のような注意点があります。

・「オブジェクト」(Object) や「シーン」(Scene)、「コレクション」(Collection) **以外**のデータ形式では、アペンド直後はどこにもリンクされていないため、保存時に消えてしまう可能性があります。**「オプション → フェイクユーザー」**を ON にしてください。

・親子関係のあるオブジェクトを、関係を保ったままコピーしたいときは、一度に「親子両方のオブジェクトを選択して」アペンドするか、あらかじめ同じ「コレクション」に入れて、「コレクション」ごとアペンドします。

・デフォルトでは「アクティブ・コレクション」(最後に選択したコレクション)にアペンドしますが、**「オプション → アクティブ・コレクション」**を OFF にすると、「新規コレクション」にアペンドします。

・そのオブジェクトが「インスタンス」(実体のない複製、操作用のエンプティが付属) だった場合、形状データが編集できません。**「オブジェクトメニュー → 適用 → インスタンスを実体化」**で実体化してください。

※ なお、同様の機能にデータの「参照」を行なう「リンク」がありますが、他の人との大規模な共同プロジェクトでもない限り、「アペンド」で充分です。

## ■ 外部ファイルのパスについて

　Blender 内での「画像」などの外部ファイルのパスは「**相対パス**」または「**絶対パス**」で記録されています。

　パスは「**シェーダー・エディタ**」や、「**画像エディタ**」の「**サイドバー**」などで確認できます（**図**）。

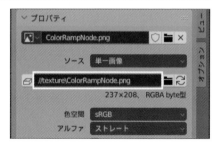

### ● 相対パス

　現在使用中の「.blend ファイル」の保存場所から「相対的な場所」を記述したパスのことで、「**//**」で始まります（**上図**）。

　「.blend ファイル」と同じフォルダに、作品専用の「テクスチャ・フォルダ」を置き、作品単位で管理したいときに適しています（場所を移動したいときはフォルダごと移動できます）。

### ● 絶対パス

　通常「**D:¥blends**」のように「ドライブ・レター」で始まります。

　これは「.blend ファイル」とは別に、素材ファイルが多数置いてある専用のフォルダを利用するような場合に便利です。

＊

　なお、デフォルトでは次のルールに従い、ファイル保存時に自動的に「相対パス」に変更されます。

---

・「.blend」ファイルが未保存の場合、または「.blend」ファイルと、その外部ファイルのドライブが違うと「**絶対パス**」になります。

・編集中の「.blend」ファイルが保存済かつ「.blend」ファイルと外部ファイルのドライブが同じ場合、保存時または外部ファイルを新たに読み込んだときに自動的に「**相対パス**」になります。
（保存時にファイル・ブラウザの「**相対パスに変換**」オプションを OFF にすると変換されません）。

---

## ● それぞれの形式のパスへの一括変換

「相対パス」と「絶対パス」は画像読み込み時や置き換え時に、「ファイルブラウザ → 相対パス」オプションの「ON/OFF」や、「ファイルメニュー → 外部ファイル」を利用することで、相互の変換が可能です。

## ■ 保存時のデータの削除ルール

前述しましたが、Blender ではデータ削除の変わったルールがあります。

それはデータを格納する「データブロック」がまったく参照されなくなる（リンク数が「0」になる）と「**孤立データ**」となり、**保存時に削除される**というものです。

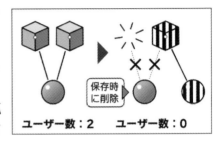

※ ただし画像などの「外部ファイル」の場合、消えるのはファイルへのパスが格納されている「データブロック」だけで、**実際のファイルは消えません。**

## ● 「孤立データ」について

「データブロック・メニュー」（→ 2-3）の「リンク・ボタン」のクリックで表示したリストの、頭に「0」があるものが「**孤立データ**」です。

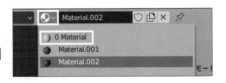

「孤立データ」は、「アウトライナー」の「孤立データ」ビューでも確認できます。**右図**の「0」の「Cube」は削除され、上の盾のマークの「Hair.back」は削除されません。

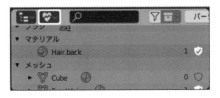

## ● 「孤立データ」を防ぐ「フェイク・ユーザー」

「フェイク・ユーザー」は、大切な「データブロック」がこの「孤立データ」になってしまうのを防ぐ機能です。

「3-3 プロパティエディタ → データブロック」で前述した「盾アイコン」は、実際には、この「フェイク・ユーザー」を「偽のユーザー」として追加してリンク数を増やし、ユーザー数を「0」にしない（孤立データにしない）ようにしています。

> ※ この「フェイク・ユーザー」は、**「アウトライナー」**でも追加・削除が可能です（前ページ参照）。

## ■ 使用中の画像ファイルの確認方法

現在の「.blend ファイル」で使用中の「画像ファイル」を確認するには、**「画像エディタ」**を使います。

「画像エディタ」のヘッダの図のボタンのクリックで、サムネ付きで表示され、選択すると画像が表示されます。

> ・レンダリング画像を再表示するには、**「Render Result」**を選択します。
> ・「UV エディタ」でも表示は可能ですが、現在選択中の「面」に割り当てられてしまいます。間違えないようにしてください。

## ■ パスが切れた外部ファイルの確認と修正

「.blend ファイル」の移動などで外部ファイルが参照できなくなったとき、テクスチャが「紫色」で表示されます。

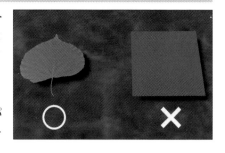

そこで、このツールを使うと、パスが切れた外部ファイルのリストを出力してくれます。

---

[1]「ファイルメニュー → 外部データ → パスが壊れているファイルの報告」を実行します。最下段に「警告」が表示されます。

[2] 警告をクリック、またはどこか
　　の「エディタ」を**「情報」**に変
　　更すると、詳細が表示されます
　　（「コピー＆ペースト」も可能です）。
[3] [2] を参照しながら「画像エディ
　　タ」または「テクスチャ」ノー
　　ドでファイルを再指定します。

## ■ 外部ファイルのパック / パック解除

　外部ファイルを「.blend ファイル」
に「パック」（添付）できます。
　「テクスチャ・ペイント」で作っ
た画像と一緒に管理したり、「.blend
ファイル」を配布したいときに便利
です。

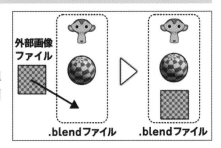

### ● パックの設定
　複数の方法でパック可能です。

・**「画像エディタ → 画像メニュー →
　パック」（画像表示中）**
・**「ファイルメニュー → 外部データ」**
・**「シェーダー・エディタ」**で「画像
　テクスチャノード」を選択し、**「サ
　イドバー → アイテムタブ」**にて**右
　図のボタンをクリック**

　パック後「データブロック・メ
ニュー」の「ファイル」アイコンが
変化し、「パック済」であることを示
します。

　この後「.blend ファイル」を「保存」
すれば、この外部ファイルが「.blend ファイル」内に「添付」されます。

### ● パック解除

　解除するには、前ページの図の「**ファイルパック済み**」アイコンをクリックし、その後のポップアップで出力場所を指定してください。

　「**ファイルメニュー → 外部データ**」から一括解除も可能です。

## ■ アセットライブラリ

　Blenderには、上記のアペンド機能以外にも、オブジェクトやデータを「アセット」（資産）として管理する機能があります。

　前準備が必要ですが、構築してしまえば再利用が楽になります。

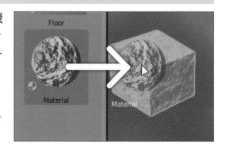

### ● アセットフォルダの確認・設定

　まず最初にアセットを保存する場所を確認します。

　デフォルトでは「C:¥Users¥(ユーザー名)¥Documents¥Blender¥Assets」（Windows 環境）ですが、「プリファレンス」（→ **1** 章）にて変更も可能です。

### ● アセットマーキング

　次に対象の「オブジェクト」や「マテリアル」などを、アセット化として設定する必要があります。複数の方法があります。

・「**3D ビューポート**」でオブジェクトを選択し「**オブジェクトメニュー →
　アセット → アセットとしてマーク**」
・「**アウトライナー**」でアイコン上で「**右クリックメニュー → アセットして
　マーク**」
・「**プロパティ・エディタ**」などで「**データブロック・メニュー**」左端のリン
　クボタン上で「**右クリックメニュー → アセットしてマーク**」

※「Blender 3.3」の時点では、アセット化可能な対象は次のとおりです：
「オブジェクト」「コレクション」「マテリアル」「ワールド」「ノードグループ」
「ポーズ(※本書では割愛)」、親子関係は未実装です。「コレクション」と「ノードグループ」の内容を変えた場合は、再マーキングが必要です。

## ●「アセット blend ファイル」の「アセットフォルダ」内への保存

　アセットの入っている「.blend」ファイルを、「アセット・フォルダ」内に保存します。

## ●「アセットブラウザー」からの利用

　エディターを「アセットブラウザー」に切り替え、閲覧、取得します。

① ヘッダ左端のアイコンから「アセットブラウザー」に変更します。
② アセットを読み出す「フォルダ」を選択します。デフォルトは「現在のファイル」なので、実際に使う際には変更が必要になります。
③「アセット・カタログ」を選択できます（オプション、後述）。
④ アセットを利用する形態を指定します。前述の「■アペンドによる他の「blend ファイル」の再利用」を確認してみてください※

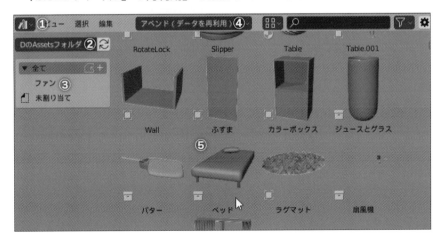

※ コレクションは「インスタンス」としてアペンドされます。

⑤「3Dビューポート」や「シェーダー・エディタ」「マテリアル・スロット」などへ「ドラッグアンドドロップ」します。「Blender 3.3」の時点では「オブジェクト」のみ、面上にスナップして配置できます（**右図**）。

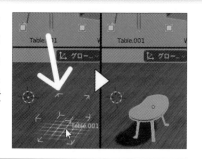

---

※「アセット・カタログ」について

　アセット・カタログは**「アセット・ファイル」**上で、表示フォルダが**「現在のファイル」の時**に分類に使います。「＋」アイコンをクリックして新規作成後、アセットをドロップし、そのアセット・ファイルを保存します。

　アセット・フォルダ共通であることに注意してください。

---

### ● 表示設定

　右側の図のボタンから表示方法や検索、表示カテゴリの設定ができます。

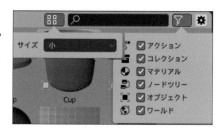

### ● アセット詳細の表示と元ファイルの編集

　いちばん右端の「歯車」ボタンで「サイドバー」を表示し、アクティブ・アセットの詳細を参照できます。

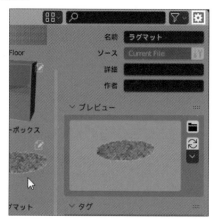

　「ソース」の右にある**「ドライバーとスパナ」のボタン**をクリックすることで、元ファイルを編集可能です。

　いちばん下の「タグ」も元ファイル内で表示フォルダが「現在のファイル」の時のみ編集可能です。

# 第4章

# 「オブジェクト」の操作

「オブジェクト・モード」は、オブジェクトの追加や配置を行なう、基本的なモードです。

本章ではこのモードの操作だけでなく、データの操作や「シーン」「ビュー・レイヤー」「コレクション」などの概念についても解説しています。

## 4.1　「オブジェクト・モード」の操作

追加や配置を行なう「オブジェクト・モード」での主な操作を解説します。

### ■ 追加可能なオブジェクト（一部）

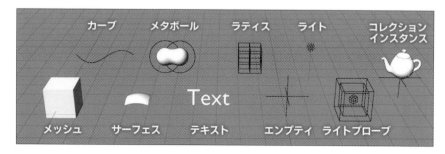

他にも「アニメーション」や「シミュレーション」「2D ドローイング」
用のオブジェクトがあります。

---

・「追加メニュー」から、「3D カーソル」（→ 3-1）の位置に追加されます。

・最後に選択した「コレクション」（→ 4-2）に追加されます。

---

> ※ 追加後にスケールを変更する場合、意図する場合を除き、スケール値が
> 「マイナス」にならないよう注意してください。形状が裏返り、トラブルの
> 元になります。

### ■ 追加後の「最後の操作を調整」パネル

「2章」や「3章」で解説ずみですが、
オブジェクト追加後「3D ビューポート左
下」に表示される**「最後の操作を調整」パ
ネル**で設定ができます。

たいていは次のような用途でよく使われ
ます。

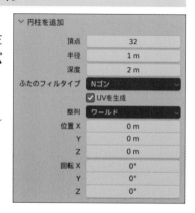

・形状の設定（「**頂点数**」など）を変更したい時
・オブジェクトを画面に向けて生成したいとき（「**整列 → ビュー**」）
・ここでの設定を、以降追加するオブジェクトにも同様に使いたい場合

## ■ インタラクティブな追加ツール

一部のメッシュ・オブジェクトは
図のツールから、左ドラッグでイン
タラクティブに追加できます。

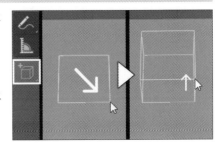

マウス位置に平面があるとその上
に作成されます。

## ■ ペアレント

「ペアレント」とは、オブジェクト間で「親子関係」を作ることです。

「親」への操作が「子」に影響する
ようになるため、多数のオブジェク
トをまとめて操作するのに便利です。
複数の方法があります。

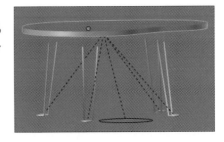

### ● 「アウトライナー」によるペアレント

「アウトライナー」で、「子オブジェ
クト」のアイコンを「親」のアイコ
ンに「**[Shift] キー ＋ ドラッグ＆ド
ロップ**」します。
簡単ですが、細かい設定ができま
せん。

## ●「ペアレント」ツールによる「3D ビューポート」でのペアレント

[1]「子オブジェクト」（①）を選択後、「親オブジェクト」（②）を **[Shift]
キーを押しながらクリックして
選択**します。

[2]「**右クリックメニュー → ペアレ
ント**」（③）を実行します。

[3]「オブジェクト」を選択します。

ペアレント後に子オブジェクト
が行方不明になる場合は「**最後
の操作を調整**」パネルから「**ト
ランスフォーム維持**」を ON に
してみてください。

## ■ 原点の操作

・オブジェクトメニュー → 原点を設定

　原点はオブジェクトの「移動」「回転」「スケール」の基準となる場所です。
「原点を設定」から**下図**のような操作が可能です。

　ドアなどの回転の
中心をズラしたり、
接地部分に移動して
配置しやすくすると
きなどに便利です。

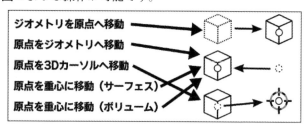

> ※ また「**ツールの設定バー → オプション → 影響の限定 → 原点**」を ON
> にすると、直接原点を移動できます。

## ■ トランスフォームのクリア

・オブジェクトメニュー → クリア

　オブジェクトに加えたトランスフォーム操作（移動や回転、スケール）を
「リセット」します。

「移動」は「グローバルの原点」に移動し、「回転」は「グローバル軸」と同じ方向に、「スケール」はすべての軸のスケールが「1.0」になります。

「ペアレント」の「子」オブジェクトの場合は「親」の影響を受けます。たとえば「移動」をクリアした場合、「親」と重なります。

## ■ オブジェクトを整列

・オブジェクトメニュー → トランスフォーム → オブジェクトを整列

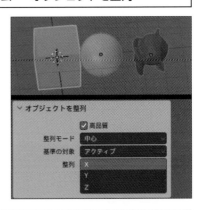

「**オブジェクトを整列**」は、実行後に「**最後の操作を調整**」パネルで調整するツールです。

「**整列**」で整列する軸（[Shift] ＋クリックで複数選択可）、「**整列モード**」で並べ方を、「**基準の対象**」で並べる基準を選択します。

## ■ 適用ツール

・オブジェクトメニュー → 適用（[Ctrl] ＋ [A] キー）

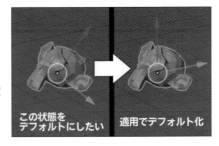

この状態をデフォルトにしたい　適用でデフォルト化

「適用」ツールは、オブジェクトへの「トランスフォーム操作」の結果を「モデル・データ」に反映させます。
「回転」や「スケール」を適用した場合は値がリセットされ、「**現在の状態がデフォルトの状態**」となります。

たとえば、斜めに回転した状態を初期状態にしたいときは「**適用 → 回転**」を使うと、回転リセット時にその状態に戻ります（**上図**）。

※ 他にも「**インスタンス（→ 5-5）の実体化**」などの用途で使います。

## ■ オブジェクトの表示オプション

・オブジェクトプロパティ → ビューポート表示

　オブジェクトごとに「ビューポート」と、その「オーバーレイ」に表示する内容を設定できます。

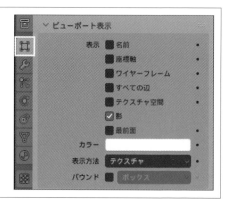

・**「表示方法」**は表示可能な「シェーディング・モード」でのみ対応しています。

・**「カラー」**は「ワイヤーフレーム」と「ソリッド」シェーディング・モードの表示設定で、「オブジェクト・カラー」を指定した時のみ有効です。

　※ チェックボックスの「ワイヤーフレーム」は、オブジェクト上にワイヤーフレームがオーバーレイ表示されるだけなので、完全にワイヤーフレーム表示するには、**「表示方法 → ワイヤーフレーム」**を設定してください。

## ■ 選択物の非表示と再表示（他のエディタ共通）

・[H] キー：選択物を隠す
・[Shift] + [H] キー：非選択物を隠す
・[Alt] + [H] キー：非表示状態の解除

　選択物を非表示にします。
　表示状態は「アウトライナー」にも表示されます。

　不意にオブジェクトが消えたときは確認してみてください。

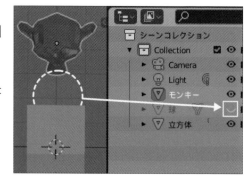

## ■ 複製ツール

### ● 複製（他のモード・エディタ共通）

・右クリックメニュー → オブジェクトを複製など（[Shift] + [D] キー）

選択オブジェクトを同じ位置に複製します。

「オブジェクト」と、その「オブジェクト・データ」（形状など）が「コピー」されますが、「マテリアル」などのデータは作ったコピーとの共有になります（「プリファレンス（→ 1-2)」で変更可)。

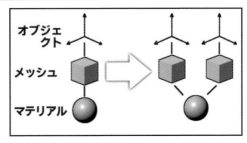

※ [Ctrl] + [C] キー → [Ctrl] + [V] キーによる「コピー&ペースト」も同じです。
※ 他のオブジェクトの「子」オブジェクトを複製すると、複製されたオブジェクトも同様に「子」オブジェクトになります。

### ● リンク複製

・右クリックメニュー → リンク複製など（[Alt] + [D] キー）

「オブジェクト・データ」を「共有」したまま複製します。

複製にも形状の編集を反映させたい場合や、同じ形状が多数あるシーンでのファイルサイズの節約などに使えます。

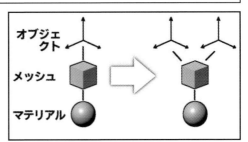

※「適用ツール」（「モディファイア」（→ 5-5) の適用も含む）使用時、「3.3」では英文のダイアログが表示され、「共有を解除し普通の複製にするかどうか」を尋ねられますので、そのままクリックしてください。

## ■ データの独立化

・オブジェクトメニュー → 関係 → シングルユーザー化
→ オブジェクトとデータなど

　　リンク複製したオブジェクト間の「データ」の共有を解除し、通常のオブジェクト複製と同様、「コピー」にすることができます。

## ■ オブジェクトの統合

・オブジェクトメニュー → 統合（[Ctrl] + [J] キー）

　　「同じタイプ」のオブジェクトのデータを統合します。
　　統合後の各オブジェクトのパーツは、構造的には分離されているので、それぞれ [L] キー（リンク選択）で簡単に選択できます（→ 5-2）。

## ■ 「オブジェクト・タイプ」の変換

・オブジェクトメニュー → 変換

　　「オブジェクト・タイプ」を変換します。

> ※「メッシュ・オブジェクト」への変換は基本的には不可逆です。
> ※「テキストオブジェクト」からの変換は一方向のみで元には戻せません。

## 4.2　「シーン」「ビュー・レイヤー」「コレクション」

### ■ 「シーン」と「ビュー・レイヤー」

　　「シーン」と「ビュー・レイヤー」は、ともに Blender 内でデータを管理するための「入れ物」です。

　　デフォルト画面の右上の「アウトライナー」には「シーン・コレクション」や通常の「コレクション」「オブジェクト」が表示され、

その上の「ヘッダ」から「シーン」と「ビュー・レイヤー」にアクセスできます。

# [4.2]「シーン」「ビュー・レイヤー」「コレクション」

### ● シーン

「シーン」は「ビュー・レイヤー」と、「コレクション」「オブジェクト」が入る「3D空間」です。

「アウトライナー」を、ヘッダのアイコンから「シーン・ビュー」にすることで、内容が確認できます（**下図**）

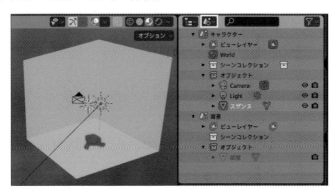

・「シーン・プロパティ」の「**背景シーン**」で、他のシーンを背景に利用できます。

・「カメラ」にはそのシーン専用のカメラを設定できます。ただし上記の「背景シーン」では考慮されません。

・シーン間でオブジェクトを [Ctrl] + [C] キーと [Ctrl] + [V] キーで**コピー＆ペースト**できます。単

にアウトライナー内でドラッグすると複製ではなくシーンへの「リンク」になります。

### ● ビュー・レイヤー

「ビュー・レイヤー」には「**コレクション**」毎の「**表示設定**」と、「**コンポジティング**」（→ 7-4）**用**の画像成分（「Z深度」「ノーマル（法線）」など）の「**パス設定**」が格納されます。

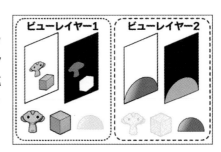

## ■ コレクション

「コレクション」は、オブジェクトをまとめる機能の1つです。

「シーン」に存在するオブジェクトはデフォルトで「**シーン・コレクション**」の下のいずれかのコレクションに属しています。

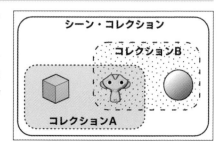

「コレクションの入れ子」や、1つのオブジェクトを複数のコレクションに入れることもできます。

\*

管理以外にも、以下のような用途があります。

---

・「コレクション単位」の「**表示**」や「**レンダリング**」「**選択**」のON/OFF
・同じコレクションに属するオブジェクトの選択（「**関係で選択**」ツール）
・「**追加メニュー**」や「**ジオメトリノード機能**」（→ 5-6）などによる「**インスタンス（実体のないコピー）**」の作成
・別のファイルからの「コレクション単位」での「**オブジェクトの再利用**」
・様々な機能での、処理対象の「コレクション単位」での制限・除外

---

## ● 新規コレクションの作成

次のいずれかを実行します。

---

・「**アウトライナー**」内の「コレクション上」、または何もないところで「**右クリックメニュー → 新規**」を実行（図）
・「**3D ビューポート内**」でオブジェクトを選択後「**右クリックメニュー → コレクションに移動 → + 新規コレクション**」を実行

---

● **コレクションへのオブジェクトの登録（移動）**

・「アウトライナー」で「コレクション」へドラッグ＆ドロップ

コレクション間を移動します。他にも方法はありますが、もっとも確実かつ分かりやすい方法だと思います。

[Ctrl] キーを押しながらドラッグ＆ドロップすると、移動ではなく、「複数のコレクションへの登録」になります（前ページ図の「モンキー」の状態）。

ドラッグアンドドロップで移動

● **コレクションからの登録解除**

対象のコレクションの外側に「ドラッグ＆ドロップ」します。

● **コレクション自体の削除**

コレクションを削除するには、「アウトライナー」内で対象のコレクションをクリックして選択し、[Del] キーを押すか、「右クリックメニュー → 削除」を実行します。

> ※ コレクション内のオブジェクトも含めて完全に削除したい場合は、「右クリックメニュー → 階層を削除」を実行してください。

## ■ コレクション・インスタンス

・追加メニュー → コレクションインスタンス

「インスタンス」とは、実体のないコピーのことです。

コレクションに属するオブジェクトをインスタンスとしてまとめてコピーできます。

操作用の「エンプティ」とともに追加されます。

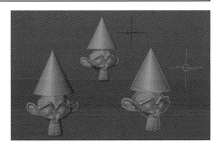

● **インスタンスの位置の「ズレ」の補正**

・オブジェクトプロパティ → コレクション

インスタンス追加時、操作用の「エンプティ」とズレて「インスタンス」が表示されることがあります。

「コレクションパネル」内の「X、Y、Z」で、「オリジナル・オブジェクト」の「グローバル座標」に対する補正を設定することで調整できます。

また「3D カーソル」を「オリジナル・オブジェクト」に「スナップ」（→ 3-1）後、上記コレクション名右端のメニューボタン（[v]）から**「カーソルからオフセットを設定」**でも設定できます。

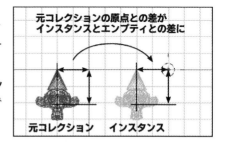

元コレクションの原点との差がインスタンスとエンプティとの差に

元コレクション　インスタンス

※ このパネル内の [＋] ボタンからも新規コレクションが追加可能ですが、「アウトライナー」の「ビュー・レイヤー」モードで見えなくなるため推奨しません。
　「×」ボタンですべてのコレクションから削除してしまった場合も、同様に見えなくなりますので注意してください。

● **コレクション・インスタンスの実体化**

・オブジェクトメニュー → 適用 → インスタンスを実体化

インスタンスを実体化し、編集することもできます。
　ただし実行後も「形状データ」は共有されたままなので、形状を個別に変更したい場合は**「データの独立化」**（**5-1** → 複製ツール）を行なってください。

# 第**5**章

## モデリング

本章では、「Blender」の「編集モード」の操作と、「チュートリアル」で解説した「トポロジー・モデリング」以外のモデリング方法について解説します。

頻出ツールについては「チュートリアル」も参照してみてください。

## 5.1　「メッシュ構造」について

まずは「メッシュ形状」の構造について、少しおさらいしましょう。

### ■ 面の向き

「面の向き」は非常に重要です。

たとえば、連続する面で表裏が揃っていないと、正常にレンダリングされなかったり、モデルの「外側」と「内側」が判定できず、処理に失敗する場合（「ブーリアン」や「ベベル」モディファイア使用時など）もあります。

「面の方向」は、「編集モード」時に、「オーバーレイ・メニュー → ノーマル」の図のボタンで、面の中心から垂直に伸びる「法線」（ノーマル）を表示することで確認できます。

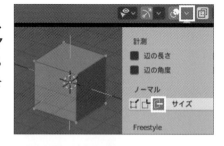

### ● 「面の向き」の修正

面の向きを外側や内側に整列させるには、対象の面を選択後、「編集モード」で「メッシュ・メニュー → ノーマル」（[Shift] + [N] キー）を使います。

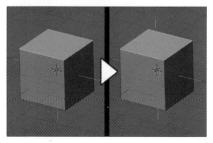

※ 個別に反転したい場合は、同メニューから「面を反転」を使います。

### ■ スムージングについて

デフォルトのメッシュ形状の表示は、面ごとに光の陰影を決定する、「フラット・シェーディング」になっています。

「右クリックメニュー → スムーズシェード」で滑らかになります。

※ 「オブジェクト」や「メッシュ・メニュー → シェーディング」でも設定可。

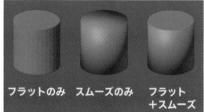

フラットのみ　スムーズのみ　フラット＋スムーズ

「オブジェクト・モード」では「形状全体」に設定され、「編集モード」では「選択部分」に設定されます。

また、「スムーズシェード」に設定後、「メッシュ・プロパティ → ノーマル → 自動スムーズ」をONにすると、自動的にフラットとスムーズを使い分けてくれます（前ページ図右端）。

## ■「辺ループ」「面ループ」について

「辺ループ」（エッジ・ループ）とは、図のように「辺」が「輪」になっている状態のことです。

また、「面」が同様の状態になっているものを「面ループ」と呼びます。

＊

これは、「メッシュ構造」をなるべくきれいに保つ要素の1つであり、「ループカットとスライド」（[Ctrl] + [R] キー）と「ループ選択」（[Alt] +右クリック）で、素早くきれいにモデリングできます。

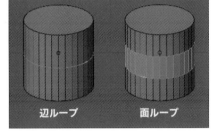

辺ループ　　　　面ループ

## ■「サブディビジョン・サーフェス」について

チュートリアルで使った「サブディビジョン・サーフェス」は、曲面を少ない頂点数で表現する機能です。

・「辺の長さ」で曲率が変わります。
・「辺クリース」（[Shift] + [E] キー）や「頂点クリース」（サイド・バー内）を設定すると、その部分が曲線と近くなり、鋭くなります。
・三角形面はあまり綺麗になりません。

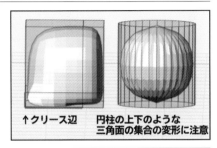

↑クリース辺　　円柱の上下のような
　　　　　　　三角面の集合の変形に注意

## 5.2 「編集モード」用の操作

「メッシュ・オブジェクト」の「編集モード」でよく使う操作と、「チュートリアル」で未解説の主な「モデリング」ツールについて補足します。

### ■「編集モード」への移行

・3D ビューポートのヘッダ（[Tab] キー）

「**3D ビューポート**」のヘッダから選択することでモードを移動できます。
[Tab] **キー**は「編集モード」と"直前のモード"を交互に切り替えます。

### ■「編集モード」中の形状の追加

編集モード時も「**追加メニュー**」から「基本形状」を追加できます。
「**メッシュ・メニュー → 複製**」による選択部分のコピーも可能です。

### ■「メッシュ選択モード」の切り替え

・ヘッダ、[1]、[2]、[3] キー

「編集モード」での選択対象を指定します。

　使用ツールの中には、選択モードで挙動が変化するものや、逆に実行後に選択モードが自動的に切り替わるものがあります。

### ● モード間の変更について

　モード間の切り替えで、選択範囲が変わることがあります。

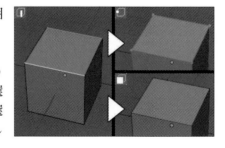

　たとえば**右図**のように向かい合う「辺」を 2 つ選択した後、「頂点」選択モードに切り替えると「面」が選択されますが、「面」選択モードにした場合では選択が解除されます。

## ■ 選択部分の部分的解除

・選択ツール使用中にホイールボタン

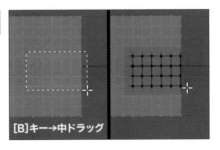

　「選択メニュー」やショートカット・キーによる選択ツール（「ボックス選択」など）では、左ドラッグの代わりに「中（ホイール）ボタン」を使うと、その部分の選択が解除されます。

## ■「選択領域」の拡大縮小

・選択メニュー → 選択の拡大縮小（テンキー [＋] または [－] キー）

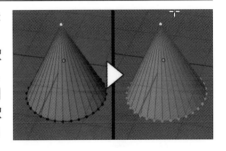

　現在の選択領域を、「大きく」または「小さく」します。
　円錐状の形状で中央の頂点を選択後、素早く周囲を選択したり（**右図**）、「ボックス選択」や「サークル選択」が利用できない面倒なところの選択に便利です（選択の拡大はつながる部分のみ）。

## ■ 構造の分離

・右クリックメニュー → 分割（[Y] キー）
・右クリックメニュー → 分離（[P] キー）

　選択部分の形状を構造的に分離します（**図は分かりやすいよう移動**）。

　「分離」は「別のオブジェクト」に分離します。
　対象は選択部分以外にも「マテリアルの割り当て」や「構造的に分離したパーツ」が指定可能です。

## ■ リンク選択

・選択メニュー → リンク（[L] キー）

構造的につながるものを選択します。

メッシュを統合したときにパーツごとに選択したいときに便利です。

※ 他のエディタ（「ノード・エディタ」など）でも利用可能です。

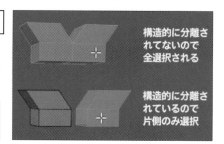

構造的に分離されてないので全選択される

構造的に分離されているので片側のみ選択

## ■ 構造的につなげる（マージ / ブリッジツール）

・頂点メニュー → 頂点をマージ
・辺メニュー → 辺ループのブリッジ（同頂点数の場合）

頂点を統合し、構造的につなげます。

**「頂点をマージ → 距離で」**を使うと、選択中の頂点で指定の距離内のものを統合できます（**右図右上**。「最後の操作を調整」パネルで調整が必要）。

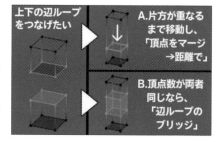

上下の辺ループをつなげたい

A.片方が重なるまで移動し、「頂点をマージ→距離で」

B.頂点数が両者同じなら、「辺ループのブリッジ」

## ■「メッシュ編集モード」専用の削除メニュー

・頂点メニュー → 頂点をマージ
・辺メニュー → 辺ループのブリッジ（同頂点数の場合）

「頂点・辺・面」の個別の削除だけでなく、**「溶解」**（形状を保ったまま頂点などを削除）や**「辺を束ねる」**（領域毎に中心の辺にまとめる）、**「辺ループ」**（辺ループのみ削除）のような特殊なツールもあります。

「右クリック・メニュー」からは、現在の選択モードに合わせた「削除」ツールが使用可能です。

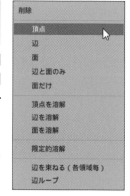

削除
頂点
辺
面
辺と面のみ
面だけ
頂点を溶解
辺を溶解
面を溶解
限定的溶解
辺を束ねる（各領域毎）
辺ループ

## ■ ベベルツール

・ツールバー、[Ctrl] + [B] キー（辺）、[Shift] + [Ctrl] + [B] キー（頂点）

　「面取り」を行ないますが、単純に「頂点」や「辺」を「面」に変えるツールとして利用することが多いです。

　たとえば分岐部分を「辺」から「面」に変更したいときに便利です（**右図**）。

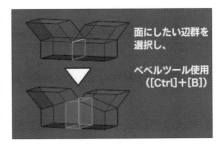

面にしたい辺群を
選択し、

ベベルツール使用
（[Ctrl]+[B]）

## ■ ナイフツール

・ツールバー、[K] キー

　任意の場所を辺でカットできます。「辺ループ」が使えない場所で重宝します。

[1] カットの始点をクリックします。
[2] クリックしてラインを増やします。クリック部分とラインと交差した部分に頂点ができます。
[3] [Enter] キーでカットを実行します。

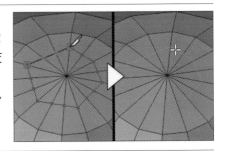

※ どの辺とも交差せずに [Enter] キーでカットを実行した場合、最後に始点をクリックしてラインを閉じていないと、正常にカットされないことがあります。

　[Enter] キーで完了するまで、ショートカット・キーで下記のようなモードが利用可能です（他のモードも画面下に表示されます）。

| [Z]キー | 透過カット切り替え |
|---|---|
| [Ctrl]キー | スナップ解除 |
| [X]、[Y]、[Z]キー | 軸固定切り替え（ホイールはビュー回転に使用） |

## ■ 頂点の整列用のツール

・ツールバー（スケール）、「頂点メニュー → 頂点をスムーズに」

　「Blender 3.3」の時点では頂点を整列する専用ツールがなぜかありません。代わりに、次のようなツールを使います。

・「スケール」ツール。四角形のハン
　ドルをドラッグ、または軸名（[Z]
　キーなど）を押します。
　ドラッグ中、または軸名に続けて
　[0] キーを押すとすぐ整列します。
・「頂点をスムーズに」ツールで、ガ
　タガタの辺をなめらかにします。

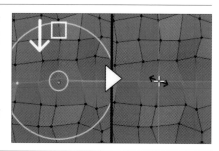

## 5.3　「下絵」を使ったモデリング

　直接モデリングするのが難しいときや、元の形状に正確なモデリングを行ないたい場合は、「下絵」を参照しながらモデリングできます。

## ■ 下絵の設定

[1]「編集モード」にします。
[2] ビューを「平行投影」にします（必須。3D ビューポート右端の「グリッ
　　ド」ギズモをクリック、またはテンキーの [5] を押下）。
[3] Blender に「下絵」ファイルを「ド
　　ラッグ＆ドロップ」すると「画
　　像オブジェクト」がビューに向
　　いて追加されます。
[4]「ギズモ」（四隅と中央の×）や「ト
　　ランスフォーム」ツールなどで
　　参照しやすいよう調整します。

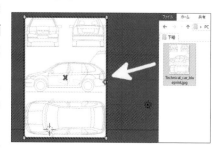

　　この時「プロパティエディタ →
　　オブジェクトデータ・プロパティ（画像アイコン）」の「不透明度」を
　　ON にすることをお勧めします。

## ■「プリミティブ」と「モディファイア」の追加

「プリミティブ」（基本形状）は、次に解説する。

\*

　①下絵を参考に、チュートリアルのように「プリミティブ」（基本形状）を利用してモデリングする方法と、②「平面」を追加し、「面のみ」で削除後、下絵に合わせて頂点を追加してトレスする方法──があります。

---

・左右対称のモデルでは **「ミラー」モディファイア** を追加すると楽です（**「2 章 チュートリアル」を参照**）。

・**「サブディビジョンサーフェス」モディファイア** を使うと頂点数が少なくすみます。

　このモディファイア使用時は編集時「曲線」も同時に表示されますが、下絵と重ならないときは **「右クリック → 細分化」** で頂点を追加してみてください。ただし、後で頂点が増えるにつれ形状も変わることがあるため、後で調整は必要になります。

---

## ■ 下絵に合わせて「プリミティブ」を変形する方法

　対象に似たプリミティブ（車なら「立方体」など）を、画像のプロポーションを参考にしつつ、変形していく方法です。

　立体の構造を予想しやすく、比較的単純な形状にお勧めです。

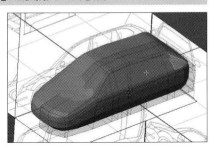

## ■「下絵」をトレスする方法（中級者以上用）

　画像を「辺」でトレスし、後で立体化します。

　この方法は、モデルの構造を理解している人向けです。よく理解せずにトレスすると、いざ立体化しようとした時点でとまどうことになります。

\*

　トレスには、次の方法があります。

- 頂点を選択し、「**押し出し**」（**[E] キー**）と移動を繰り返す。
- 頂点を選択し、**[Ctrl] + 右クリック**（右クリック選択キーマップでは左クリック）で頂点を追加する。
- 「辺」を選択後**「右クリックメニュー → 細分化」**で分割し、移動する。

逆に、頂点を減らしたいときは、**[Del] キー → 「頂点を溶解」**を使います。

辺や面を作るには、必要な要素を選択した後、**「頂点メニュー → 頂点からの新規辺 / 面」**（**[F] キー**）を実行します（「頂点選択モード」でなくてもOK）。

＊

「顔」などの場合、「輪郭」や「目」「鼻」「口」などの特徴的な「パーツ」をトレスした後、各パーツを立体的な位置に移動し、変形後、各部位をつなげるものと考えると分かりやすいです。

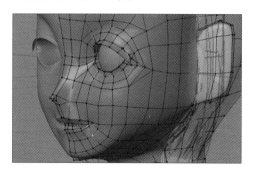

つなげるとき、面の角の角度はあまり鋭くしないほうが「UV 展開」や「サブディビジョン・サーフェス」使用時に歪みが少なくなります。

他の人が作ったモデルの構造を参考にするのもお勧めです。

## 5.4 スカルプト・モデリング

ここまで紹介してきたモデリング方法（トポロジー・モデリング）では、メッシュの構造を常に考える必要があり、あまり直感的ではありません。

一方、この「スカルプト・モデリング」では、形状の構造をあまり意識せず、粘土のように直感的にモデルを作成できます。

＊

次のような利点と欠点があります。

---

[利点]

○ 形状の構造をあまり考えなくてよい（多少は考える必要があります）

○ 複雑な凹凸をもつ「有機物」の作成が比較的簡単に行える

[欠点]

× データが大きくなりがちで、PCの処理能力によっては作業が難しくなる

× ゲームやアニメーション用にそのまま使うには重いため、「リトポロジー」
　で「ローポリ・モデル＋ノーマル・マップ」にするなどの作業が必要

---

## ■「ダイナミック・トポロジー」によるスカルプト

「スカルプト・モデリング」を行なう方法はいくつかあります。

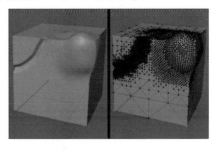

　ここでは、スカルプトした部分を動的（ダイナミック）に「細分化」や「統合」することで、比較的軽いまま作業ができる**「ダイナミック・トポロジー」**を使う方法を解説します。

[1]「ファイルメニュー → 新規 → Sculpting」を実行します。
　既存のモデルを使うときは、（a）「Sculpt」ワークスペースに切り替えるか、（b）「3Dビューポート」から「スカルプト・モード」を選択します。

[2]「ツール設定バー」または「プロパティ・エディタ」の「ツール・プロパティ」から「Dyntopo」をクリックします。
　なお「編集モード」に入ると解除されるので注意してください。

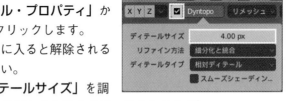

[3]「Dyntopo → ディテールサイズ」を調節します（小さいほど細かくなりますが、重くなります）。

---

　※ 既存のモデルに使うと、「UV」や「カラー属性」（→6-6）などの情報が失われます。都合が悪ければ「Dyntopo」を使わず、自分で「編集モード」を使用しモデルを「細分化」してください。

## ■ スカルプトのワークフロー

単なる一例です。もっと効率的な方法があるかもしれません。

[1] 「スネークフック」ブラシ（[K]
キー）を使い、「ブラシ・サイズ」
を大きくして大まかに作ってい
きます。
パーツの移動はすぐ上の**「エラ
スティック変形」ブラシ**が便利
です。

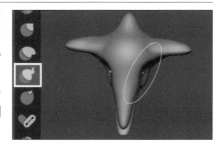

---

・左右対称モデルの場合は「Dyntopo」左側の [X] アイコンをクリックします。
・[F] キーを押すと、「ブラシ・サイズ」を素早く変更できます。
・[Shift] キー + ドラッグで「スムーズ」ブラシになります。
・デフォルトのブラシ半径は共通ですが、プロパティ・エディタの「ツールプ
ロパティ → ブラシ設定 → 半径」左端の「ふでアイコン」を OFF にすると、
別々になります。

---

[2] 凹凸をつける前に**「Dyntopo → リファ
イン方法」**の**「細部化と統合」**を**「辺
を細分化」**に変更します。これはズー
ムアウト時に細部が潰れるのを防ぐた
めです。

[3] 「ドロー」（[X] キー）や「ブロブ」
ブラシなどで凹凸を付けます。
パーツを細くしたいときは「ス
ムーズ」、逆に太くしたいときは
「インフレート」ブラシが便利
です。
「クリース」（[Shift] + [C] キー）
ブラシは溝の作成に最適です。

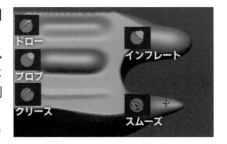

※ **[Ctrl] キー + ドラッグ**で効果が反転します（凹凸の切替など）。

[4] ブラシ選択中、「ブラシ・プロパ
ティ」でテクスチャを設定でき
ます。
「**タイプ**」の変更で、「プロシー
ジャルテクスチャ」（「ボロノイ」
など）も利用可能です。

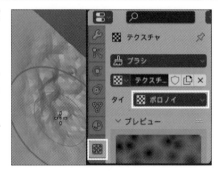

## ■「リメッシュ機能」によるモデルのデータ量削減

「リメッシュ機能」で現在のモデル
の形状をある程度維持しつつ、自動
的にメッシュモデルの面数を減らし
て再生成し、軽量化できます。

[1] 「Dyntopo」使用中なら OFF に
します。
[2] 「ツールの設定バー → リメッシュ」を
クリックし、「**ボクセル・サイズ**」を調
整します。大きくすると面数が減りま
すが、細部や薄い部分が消えます（**右
上図**）。
[3] 「**リメッシュ**」ボタンを**クリック**します。
「ステータスバー」右側に「メッシュ・
オブジェクト」の面数が表示されるの
で、参考にしてください。

## ■「ノーマル・マップ」へのディテールのベイク

リメッシュで作成された「ローポリ・モデル」に、「オリジナル・メッシュ」
のディテールを「ノーマル・マップ」で再現できます。

※「ノーマル・マップ」へのベイクについては「7-2　レンダリングの設定」
にて解説しています。そちらを参照ください。

## 5.5 その他の関連ツール

### ■ テキスト・オブジェクト

「文字フォント」を利用した3D形
状を作ることができます。日本語フォ
ントも利用可能です。

「立体的なタイトル」や「文字状の
モデル」（装飾品やお菓子など）に便
利です。

### ● フォントの指定

・オブジェクトデータプロパティ → フォント → 標準

「ボールド」や「斜体」用のフォントも設定可能です。

マテリアルも他のオブジェクトと同様に利用可能ですが、「テクスチャ座
標」は「生成」のみです。

### ● 文字の変形

「ジオメトリ → オフセット」で文字を太く（形状が壊れることがありま
す）、「押し出し」で厚み付け、「ベベル」で面取りができます。

> ※ もっと細かい変形は、「メッシュ・オブジェクト」に変換してください。

### ● カーブに沿った文字列の作成

「テキスト・オブジェクト」に後述の「カーブ」モディファイアを追加し、
「カーブ・オブジェクト」を追加・指定すると、文字をカーブ上に配置でき
ます（いちばん上の図）。

「カーブ」との相対位置で変形の具合も変化します。

### ● 日本語を含む「テキスト・オブジェクト」の作成について

「3.3」の時点では「編集モード」でIMEによる日本語入力ができません。
代わりにメモ帳や、Blender内の入力フィールド（オブジェクト名など）

から文字列を「コピー」([Ctrl] + [C] キー）後、「編集モード」内で「ペースト」([Ctrl] + [V] キー）してください。

## ■ 回転体の作成

### ● スピンツール

・ツールバー → スピン

選択部分を「断面」として回転し、立体にします。

3D ビューポートの「**ギズモ**」で「角度」と「回転の中心」が、「**ツールの調整バー**」や「**最後の操作を調整**」パネルで「ステップ数」や「回転軸」が設定可能です。

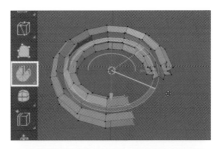

「**最後の操作を調整パネル → 複製を使用**」を ON にすると、すべてをつなげず分離することもできます。

「球」などのような回転対象が「立体」の場合も分離して回転されます。

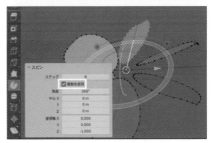

### ● スクリュー形状の作成

バネを作るには、「円」を「編集モード」で立て、オブジェクト原点から回転の半径分「X 軸方向」にズラして「断面」を作り、「**スクリュー**」モディファイアを使うのが楽です。

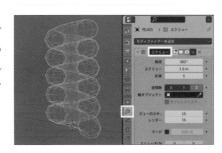

## ■ モディファイア

モディファイアは元データを壊さず、パラメータで変形を行なう機能です。

1つのオブジェクトに複数のモディファイアを使用可能で、**「モディファイア・スタック」**と呼ばれるリスト内で、上から順に処理されます。

**「モディファイアー・プロパティ」**（下図）から追加できます。

### ● 元データへの反映

パネル内の**右図**のリストから**「適用」**を選択すると、「元データ」に変更を加え、そのモディファイアが消えます。

ただし、一部のモディファイアでスタック内先頭でない場合や、形状を他のオブジェクトと共有する時は利用できません。

> ※ 下の「ブーリアン」のように、別のオブジェクトの指定が必要な物もあります。未指定の場合は「モディファイア名」が赤く光り、無効になります。

ここではチュートリアルで登場した「ミラー」や「サブディビジョン・サーフェス」以外のモディファイアの一部を紹介します。

### ● ブーリアン

他の「メッシュ・オブジェクト」と「ブーリアン演算」を行ないます。

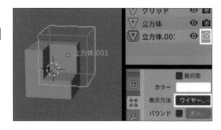

・ 演算相手を**「アウトライナー」**で「レンダリング非表示」に設定しないとレンダリングされてしまいます。

・ 同様に相手を**「オブジェクトプロパティ → ビューポート表示 → 表示方法 → ワイヤーフレーム」**にすると見やすくなります。

## ● 配列

形状を並べます。重なる部分の結合（マージ）も可能です。

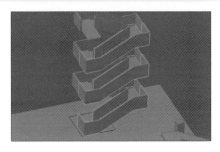

「オフセット用のオブジェクト」を追加・指定すると、回転して配置するなど自由度が広がります。

## ● ベベル

オブジェクトの形状を「面取り」します。

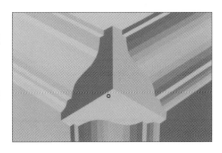

**「断面」**を設定することで、図のような複雑な形状の面取りもできます。

## ● ソリッド化

オブジェクトに「厚み」を付け、「ソリッド・オブジェクト」にします。

特に「影」や「屈折」などを使うとき、形状に厚みがあるほうがうまく動作するため、特に理由がなければ、形状には厚みを付けることをお勧めします。

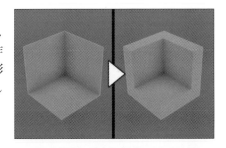

## ● ラティス

「ラティス・オブジェクト」を追加し、**「編集モード」**で頂点を変形後、変形したいオブジェクトに、このモディファイアを設定することで、位置が重なる部分を変形できます。

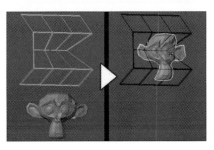

## ● カーブ

他の「カーブ・オブジェクト」を利用し、カーブに沿った変形を行ないます。

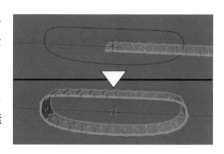

「配列」の下に追加すれば、(パーツが変形するため「風」ですが)「無限軌道風」形状(図)も作成可能です。

## ■ メタボール・オブジェクト

「メタボール」は、球などの「メタ要素」を複数配置し、「相互作用」でモデリングする機能です。

有機的な形状に適しています。

・「メタボール・オブジェクト」は、中の「メタ要素」間だけでなく、他の「メタボール・オブジェクト」間とも相互作用します。

・「メタ要素」は、それぞれ**「半径」**(**外側の円**)と**「剛性」**(**内側の円**)をもち、**「編集モード」**で操作します(**「サイドバー([N]キー)→ アイテム」**または**「オブジェクトデータ・プロパティ」**)。

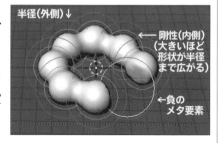

半径(外側)↓

←── 剛性(内側)
(大きいほど形状が半径まで広がる)

←負のメタ要素

・同じく編集モード中、**「オブジェクトデータプロパティ → アクティブ要素 → 負」**で、形状に「負」の影響を与えることができ、画面上では「円」のみの表示になります。

・**「メタボール・オブジェクト」**は、**「統合」**できません。

## ■ 計測ツール

「編集モード」の「オーバーレイ設定」内から「頂点」「辺」「面」の「長さ」や「角度」などの表示が設定できます。

\*

「3Dビューポート」の「サイドバー」（[N]キー）の「アイテムタブ → トランスフォーム」の「グローバル」を有効にしないと、オブジェクトのサイズが影響して正しく動作しないので注意してください。

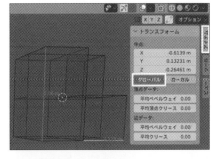

他にも「メジャー」ツール（ツールバー内）や、「オブジェクト・モード」用の「寸法プロパティ」（サイドバー（[N]キー）→ トランスフォーム内）もあります。

## ■「カーブ・オブジェクト」によるモデリング

「カーブ・オブジェクト」は「曲線」で構成されるオブジェクトです。

「Blender」では、主に「ロゴ」や「板」「チューブ」、他のオブジェクトの変形のガイド、「パス・アニメーション」（本書では割愛）で利用されます。

## ●「カーブ・オブジェクト」の種類

「カーブ・オブジェクト」には大まかにわけて「ベジエ」と「NURBS」が2つのタイプがあります※。「ベジエ」は「制御点」を通り、「NURBS」は通りません。

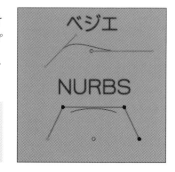

※ 他にも「サーフェス・オブジェクト」もありますが、「Blender」の対応があまり進んでいないため、本書では割愛します。

「ベジエ」には補間方法が複数あり（右図）、「**右クリックメニュー → ハンドルタイプ設定**」から設定可能です。

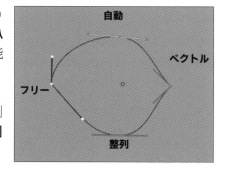

「NURBS」は、代わりに「ウェイト」が指定可能です（「**サイドバー（[N]キー）→アイテムタブ**」）。

「カーブ・オブジェクト」には、「**2D**」と「**3D**」があり、「**オブジェクトデータプロパティ → シェイプ**」で切り替えできます。

さらに「カーブ・オブジェクト」は「**ループモード**」があり、「**右クリックメニュー → ループ切替え**」でカーブを開閉できます。

---

・「**2D**」の「ループ・カーブ」では「**フィルモード**」（**オブジェクトデータプロパティ → ▼シェイプ内**）の設定で面が作成されます。

・「**3D**」カーブは「**方向**」が、「**制御点**」には「**傾き**」「**半径**」があります。

---

## ● 2D カーブによる厚みのある板の作成

「閉じた 2D カーブ」を使います。

[1] 「円」カーブを追加し、「編集モード」で変形します。

[2] 「オブジェクトデータプロパティ → ▼シェイプ → 2D」をクリックし、同パネルの「フィル」を「両方」に設定します。

[3] 同プロパティの「▼ジオメトリ → 押し出し」を増やし厚みをつけます。

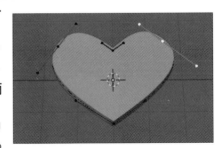

・「ジオメトリ → ベベル」で縁取りできます。

・「編集モード」内で既存のカーブの複製や、「円」カーブを追加して重ね、「穴」を作ることもできます。

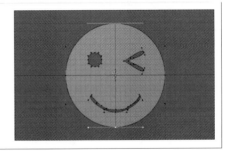

## ● 3D カーブによるチューブの作成

3D のカーブでさまざまな断面の「チューブ」が作成できます。

[1] 「パス用のカーブ・オブジェクト」を追加します。

[2] 「オブジェクトデータプロパティ → ジオメトリ → ベベル」に「断面」を指定します。

[3] 「深度」を上げ、下の「カーブ・ウィジェット」で断面を編集します。

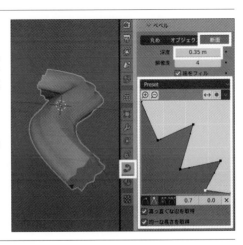

・「パス」の制御点毎に「**半径**」（**右クリック・メニュー内**）の増減で太さをコントロールできます。

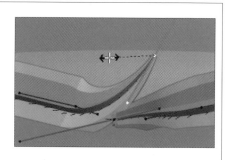

・別にコントロール用の「パス」の「カーブ・オブジェクト」を追加し、最初のパスカーブの「**オブジェクトデータプロパティ → ジオメトリ → テーパーオブジェクト**」に設定することでも太さをコントロール可能です。この場合、コントロール用パスの制御点の「Y座標」が太さとなります。

### ■ インスタンス化ツール

「プロパティ・エディタ」には、「子オブジェクト」を「親メッシュ・オブジェクト」の「頂点」や「面」の位置に複製するツールがあります。

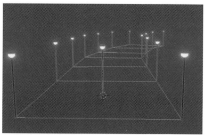

[1] 「子オブジェクト」を「親オブジェクト」に「**ペアレント（→ 4-1章）**」します。

[2] 「親」の「**オブジェクトプロパティ → インスタンス化**」を設定します。

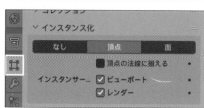

・「インスタンサー」（「親オブジェクト」）の表示、レンダリング設定も同パネル内で設定可能です。
・子オブジェクト（オリジナル）はビュー・レンダリングの両方で消えます。

### ● インスタンスの実体化

「オブジェクト・メニュー → 適用 → インスタンスを実体化」を使います。

ジオメトリノード

「ジオメトリノード」は、ノードベースのモデリングツールです。
オブジェクトの配置や、建物などを自動的に生成するのに向いています。

■ 使用方法

[1] 「メッシュ」または「カーブ・オブジェクト」を作成します。
[2] 「Geometry Nodes」ワークスペースに切り替え、下側の「ジオメト
リノード・エディター」のヘッダの「新規」ボタンをクリックします。
下図のように、ノード画面に「グループ入力」「グループ出力」ノード
が出てきます。

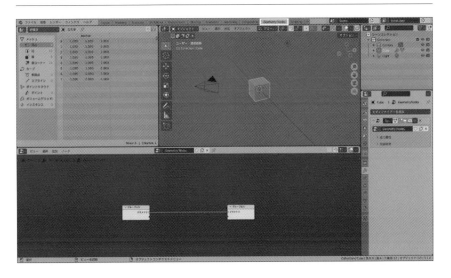

マテリアルの「シェーダー・エディター」(→ 6-2) のように、「ジオメトリ」
データにさまざまなノードを追加し、処理を行っていきます。
対象のオブジェクトには「ジオメトリノード」モディファイアーが追加さ
れ、さらに他のモディファイアで変形できます。

## ● オブジェクトのランダム配置

「面にポイント配置」ノードでポイントを面上にランダムに作成し、「ポイントインスタンス」ノードで「インスタンス」ソケットに入力したオブジェクトを配置しています。

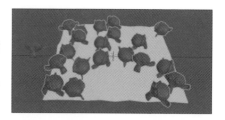

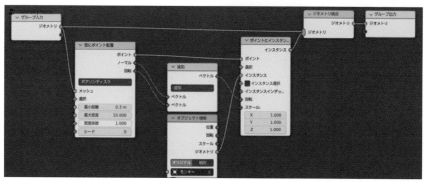

## ● 押し出しによるオブジェクトの変形

「押し出し」ノードで上の面を繰り返し押し出す例です。

最初の選択は「インデックス」ノードで面の番号を取得し、「比較」ノードで上の面の番号を指定して選択しています。

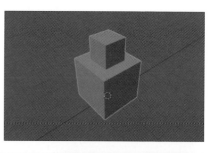

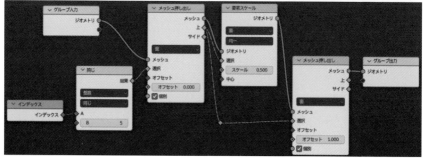

# 第**6**章

# 「質感付け」と「ライティング」

本章では「Eevee」と「Cycles」の両レンダラーでの「質感付け」と「ライティング方法」について解説します。

せっかくの綺麗に作ったモデルも、「質感」や「ライティング」によって印象がガラリと変わります。皆さんのモデルやシーンの魅力をうまく引き出してみてください。

**blender**

最初に、Blender に標準装備されている2つの「レンダー・エンジン」の
それぞれの特徴を見ていきましょう。

## ■ Eevee レンダー

「Eevee」（イーブイ）は、Blender のデフォルトのレンダー・エンジンで、
「応答性」を最優先にしています。

○ 「GPU」によるリアルタイム処理
△ 「間接照明」や「反射」「屈折」の
　表現は設定が必要で、制約が多い
× 「シャドウ・キャッチャー」など、
　「Cycles」の機能が一部未実装

## ■ Cycles レンダー

「Cycles」（サイクルズ）は、物理ベースの「レイトレーサー」で、より正
確な光の表現が可能です。

○ 「間接照明」や「反射」「屈折」な
　どの光の挙動の表現が得意
○ 「GPU」と「CPU」の両方に対応
× 「Eevee」に比べ計算時間が長く、
　ノイズも多いため、調整が必要

## ■ レンダーエンジンの選択

エンジンは「プロパティエディタ → レ
ンダープロパティ」で選択可能です。

詳細は「7-2　レンダリングの設定」を
参照してください。

## 6.2 「マテリアル」と「シェーダー・エディタ」

　「マテリアル・データ」は、Blender 内のオブジェクトの「質感」を決めるもので、その設定には「シェーダー・エディタ」を使います。

### ■「Shading」ワークスペースでの作業

　「Shading」ワークスペースは質感付けの作業に特化したレイアウトで、**いちばん上のタブから**切り替えます。

　前述の「シェーダー・エディタ」も含まれており、「3D ビューポート」を見ながら作業できます。

### ■「マテリアル・データ」ブロックの追加

　「オブジェクト」の質感付けをするには、「マテリアル・データ」を追加する必要があります（デフォルトで配置されている「立方体」は設定済み）。

### ● 新規追加

　「シェーダー・エディタ」のヘッダ、または「プロパティエディタ → マテリアル・プロパティ」（後述）の「新規」ボタンで追加できます。

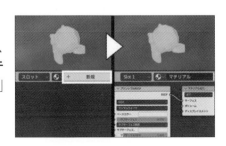

### ● 複数のマテリアルの作成

　1つのオブジェクトには、複数の「マテリアル・データ」を追加できます。

[1]「マテリアル・プロパティ」（①）内にある「マテリアル・スロット」の［＋］ボタン（②）をクリックします。

[2]「新規」（③）をクリックします。

● 面ごとのマテリアルの割り当て

「メッシュ・オブジェクト」の「面」ごとにマテリアルを設定できます。

[1]「編集モード」（①）に入り、面を選択後「マテリアル・スロット」（②）でスロットを指定します。

[2]「割り当て」（③）ボタンをクリックします。

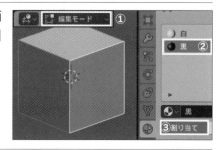

■「マテリアル・データ」の共有とコピー

他のオブジェクトの「マテリアル・データ」を共有して使用できます。

● 共有

「マテリアル」アイコン（右図）をクリックし、メニューからマテリアルを選択して付け替えます。

● 共有したマテリアルの独立化

もし共有した「マテリアル・データ」を「コピー」として独立させたい場合は、名前の横の**「数字」（リンク数）ボタン**、または「**コピー」ボタン**（右図）をクリックします。

「元の名前.数字」の名前でコピーされます。

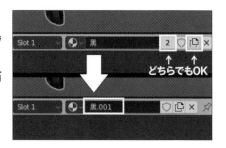

※ マテリアルの付け替え前にすでに「マテリアル・データ」がスロットにあった場合、そのマテリアルとのリンクが切れ、どこからも使われなくなると「.blend ファイル」保存時に消されます。消してほしくない時は、**「切り替え前」に「盾」アイコンをクリックしてください**（→ 3-4　ファイルの管理）。

### ■「シェーダー・エディタ」の使い方

「シェーダー・エディタ」では「ノード」の「ソケット」間をドラッグでつなぎ（リンク）、設定していきます。

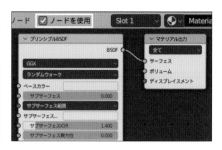

※ 旧バージョンのファイルなどでノードが表示されていない場合は、「シェーダー・エディタ」のヘッダの「ノードを使用」をONにしてください。

### ● ノード追加と割り込み、コピー＆ペースト

・「追加」メニュー（[Shift] + [A] キー）で「ノード」を追加できます。
・ 追加時、ノード間に新規ノードを移動すると割り込みます（**右図**）。
・「**右クリックメニュー**」や [Ctrl] + [C] キーなどで、コピー＆ペーストもできます（同ファイル内のみ）。

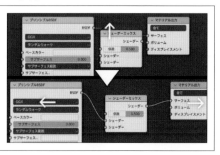

### ● リンク切断

「ソケット」からドラッグして外すか、「**ツールバー**」（[T] キーで表示）から「**リンクカット**」を使用、または [Ctrl] +**右ドラッグ**（右クリック選択キーマップ時は左ドラッグ）でリンクをカットします。

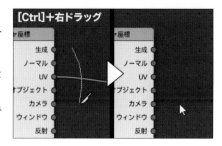

※ ノードは左上端の「v」アイコンで折り畳みできます。
※「右クリックメニュー」からミュート(無効化)が切り替え可能です。

## 6.3 基本的なマテリアル

### ■ プリンシプル BSDF シェーダー

デフォルトのマテリアルに配置されているこの**「プリンシプル BSDF」**は、「PBR（物理ベースレンダー）」モデルを採用した汎用の「シェーダー」（陰影を表現する機能）で、他のアプリケーションとの連携も可能です。

このノードに他のノードをつなぐだけでほぼ事足りることも多い、万能のノードです。

### ■ 色づけ

基本的な色づけは**「ベースカラー」**に指定します。後述の「テクスチャ」による模様も、その「入力ソケット」に接続して作成します。

### ■ 光沢と反射

#### ● マテリアルの設定

「プリンシプル BSDF シェーダー」の「粗さ」を減らすことで、「光沢」と「反射」が強くなります。

| | | | | | |
|---|---|---|---|---|---|
| | | 0.0 | 0.25 | 0.5 | 0.75 | 1.0 |
| 粗さ | | | | | | |
| スペキュラー | | | | | | |
| メタリック | | | | | | |
| クリアコート | | | | | | |

- 物質の色に「光源」や「明るい部分」が白く反射する場合は**「スペキュラー」**を使います。
- 「金属」や「鏡」のように反射がくっきり出て、その物質の色で反射部分が色付けされるような場合は**「メタリック」**を使います。
- 車のワックス層のような反射は**「クリアコート」**も上げます。

## ● スクリーン・スペース反射 (「Eevee」のみ)

デフォルトでは「Eevee」は、「ワールド」(→ 6-8) しか反射しません。

他のオブジェクトも反射させるには、「レンダープロパティ → スクリーンスペース反射」を ON にします。

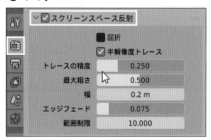

> ・デフォルトでは「半解像度トレース」が ON になっていますが、品質を上げたい場合は OFF にします (速度は低下します)。
> ・「スペキュラー」と「メタリック」で画面端が反射しないときは「エッジフェード」を下げてください。
> ・画面上にない部分は反射面に現われません。
> これは次の「反射平面」や「反射キューブマップ」で補います。

## ■ 反射平面 (Eevee のみ)

「反射平面」は、「スクリーン・スペース反射」の「画面上にない部分が反射できない」問題を解決する機能です (「シェーディングモード」が「レンダー・プレビュー」以外では効果が表示されません)。

[1]「Shading」ワークスペースに切り替え、「追加メニュー → ライトプローブ → 反射平面」を追加します。

[2]「反射させる平面」を覆うまで、スケールツールなどで「拡大」します (「スケール」がマイナス値にならないよう注意!)。
「反射平面」と「反射させる平面」は同じ位置・方向 (中央に矢印で表示) にします。

[3] 「シェーディングモード」を「レ
ンダー・プレビュー」に切り替え、
「反射平面」を、面の向いている
ほうに「鏡像」（図では立方体の
下側）が映り込むまでほんの少
し「移動」します。

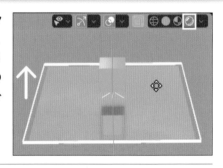

## ■ 反射キューブマップ（Eeveeのみ）

「反射キューブマップ」は、上下左
右前後の六方向の映像を「キューブ
マップ」にレンダリング（ベイク）し、
鏡面として利用できる機能です。

[1] 「追加メニュー → ライトプロー
ブ → 反射キューブマップ」で追
加し、反射させたい「鏡面オブ
ジェクト（図では球）」と同じ位
置に配置します。

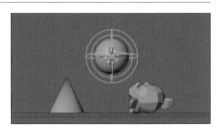

[2] 「オブジェクトデータ・プロパ
ティ → プローブ → 半径」を「鏡
面オブジェクト」が入るまで上
げます。

[3] 同じく「クリッピング開始」を
「鏡面オブジェクト」より大きく
します（たとえばプリミティブ
の「UV球」の場合は「1.1m」
以上）。

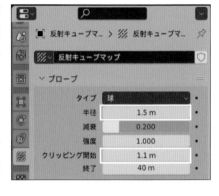

[6.3] 基本的なマテリアル

[4] 「レンダープロパティ → 間接照
明 → 間接照明をベイク」（また
は「キューブマップのみベイク」）
をクリックし、実行します。

成功すれば、下に作成されたデー
タとその容量が表示されます。

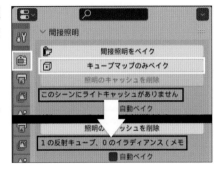

この後「位置」や「設定」などを変更した場合は、再び「ベイク」する
必要があります。
（図の「自動ベイク」オプションで回避可）。

## ● 映り込む範囲の設定

「プローブ」パネル内の「距離」（反射平面）や「クリッピング範囲」（反
射キューブマップ）で、影響を受ける「鏡面」の範囲を指定できます。

1つの「反射キューブマップ」を、複数の「鏡面」で共有することもできます。

## ● コレクションによる「映り込み」からの除外

「鏡面オブジェクト」を「コレクション」（→ 4-2）に入れ、「反射平面」
または「反射キューブマップ」の「オブジェクトデータ・プロパティ → プロー
ブ → 可視性 → コレクションの可視設定」に指定。

その後、[⇔] ボタンを ON にすることで、鏡面オブジェクトを映り込み
から除外できます。

117

● **ボックスタイプの反射キューブマップ**

「反射キューブマップ」には「ボックス」タイプもあり、範囲設定も立方体になります。「立方体」などの反射オブジェクトにはこちらのほうが適しています。

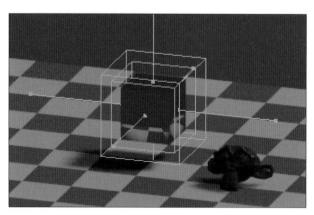

● **「反射平面」と「反射キューブマップ」の注意**

> ・シェーディングモードが「レンダー」以外では「ライト」が確認できません。
>
> ・「サブサーフェス・スキャッタリング」（SSS）と「ボリューメトリック」マテリアルは映り込みません（「SSS」は効果が消えるだけで表示は可）。
>
> ・「クリアコート」は鏡像の後ろの「ワールド」が映り込みが回避できないため、**「メタリック」**や**「スペキュラー」**で代用してください。
>
> ・「反射平面」同士や「反射キューブマップ」同士の相互反射はできません。
>
> ・反射像のサイズに問題がある場合**「カスタム視差」**をONにし、設定を調整してみてください（設定時は再ベイクが必要）。
>
> ・「スクリーン・スペース反射」との併用時は「スクリーン・スペース反射」が優先され、精度が劣る「反射キューブマップ」は補助になります。

## ■ 異方性反射（Cycles のみ）

「異方性反射」は、「髪の毛」や「金属上の細かい溝」などの特別な反射のことで、光源に対し直交方向にハイライトが現われます。

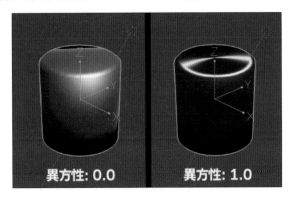

異方性: 0.0　　　　異方性: 1.0

・「プリンシプル BSDF」ノードの「異方性」を他の反射とともに使います。
・オブジェクトの「ローカル Z 軸」を基準に表示されます。
・「粗さ」値がある程度必要です。

## ■ 伝播（屈折）と透過

透過方法は「屈折」を含む「光の伝播」（Transmission）と「アルファ値による透過」（Transparent）の 2 つがあります。

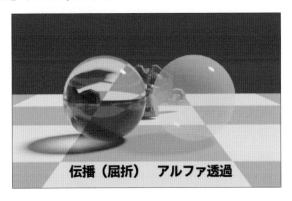

伝播（屈折）　　アルファ透過

ここでは、前者の「伝播」について解説します。

※「アルファ透過」については、次の「6-4」で解説します。

## ● マテリアルの設定

「プリンシプル BSDF」シェーダーの「伝播」を上げ、「粗さ」を下げます

または「グラス BSDF」シェーダーを使用します。

両シェーダーとも、「IOR」(Index Of Refraction: 屈折率) プロパティがあるので、材質に合わせて調整します。

| | |
|---|---|
| クリアコート大異方性 | 0.000 |
| メタリック | 0.000 |
| スペキュラー | 0.500 |
| スペキュラーチント | 0.000 |
| 粗さ | 0.000 |
| 異方性 | 0.000 |
| 異方性の回転 | 0.000 |
| シーン | 0.000 |
| シーンチント | 0.500 |
| クリアコート | 0.000 |
| クリアコートの粗さ | 0.030 |
| IOR | 1.450 |
| 伝播 | 1.000 |
| 伝播の粗さ | 0.000 |
| 放射 | |

> ・デフォルトの「1.45」は「ガラス」ですが、「水」なら「1.33」ぐらいに下げます。
> ・「プリンシプル BSDF」の場合**「アルファ」は「1.0」**にしてください。

## ■「Eevee レンダー」使用時の屈折の設定

「Eevee レンダー」だと、上記だけでは、**右図のように**「ワールド」(→ **「6-8 ライティング」**) が表示され、屈折しません。

「Eevee レンダー側」と「マテリアル側」にてもう少し追加で設定が必要です。

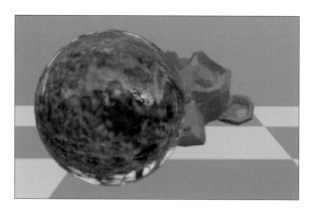

ここでは「Shading」ワークスペース内にて「屈折するオブジェクト」の背後に、他のオブジェクトを配置した例で解説します。

## ● Eevee レンダー側の設定

[1] 「レンダープロパティ → スク
　　リーン・スペース反射」を ON
　　にします。

[2] 「屈折」を ON にします。

## ● マテリアル側の設定

[1] 「屈折するオブジェクト」が選択
　　されていることを確認します。

[2] 「シェーダー・エディタ」の右端
　　の小さな [<] ボタンをクリック
　　し、「サイドバー」を表示します。

[3] 「オプション」タブをクリックし、
　　「設定 → スクリーン・スペース
　　屈折」を ON にします。奥のオ
　　ブジェクトが見えれば成功です。

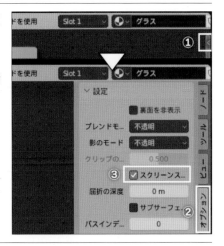

- マテリアルの「設定 → 屈折
　の深度」は見た目が不自然
　に感じた時に上げてくだ
　さい。
- 右図のように屈折に縞模様
　が生じた場合は、「レンダー
　プロパティ → スクリーンス
　ペース反射 → トレースの
　精度」を上げると消えます。

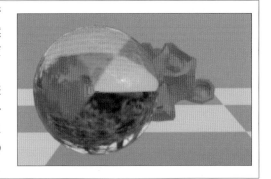

## ■ Eevee レンダーでの制限事項

- ・「Cycles」と「Eevee」での結果は同じにはなりません。
- ・屈折するオブジェクトを2つ以上並べると、後ろ側は無視されます。「コップに入った水」や、「コップが前後に重なった状態」は正しく表現できません。
- ・影は半透明になりません。

## ■ サブサーフェス・スキャッタリング

「サブサーフェス・スキャッタリング」(以下「SSS」)とは、光が物質の内部に入り込み、散乱する現象です。

たとえば、「ろうそく」や「大理石」「生物の皮膚」などに見られます。

### ● マテリアルの設定

「SSS」は、「プリンシプル BSDF」と「SSS」シェーダーノードで対応していますが、ここでは「プリンシプル BSDF」での設定のみ解説します。

- ・サブサーフェス
  効果の量を設定します。
  比較的小さな値で動作するので、徐々に上げていくといいでしょう。

- ・サブサーフェス色
  「内部散乱」による色を設定します。
  たとえば、「皮膚」だと「薄い赤」、「ミルク」などでは「少し黄色い白」などを設定します。

・サブサーフェス範囲

内部で散乱する光の距離です。上記の「皮膚」の例では赤が長く散乱するので、赤の値を大きくします。

「皮膚」の場合、デフォルト設定（「1.0」「0.2」「0.1」）でOKです。

「ミルク」などでは全部「1.0」にします。

## ● Eevee レンダーでの設定

「レンダープロパティ → SSS」に品質に関する設定が少しあります。

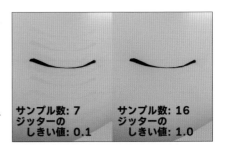

図のように、一部がブレて表示されるような場合は、「**サンプル数**」と「**ジッターのしきい値**」を消えるまで上げてみてください。

※ ただしレンダリング時間は増えます。

「マテリアルプロパティ → 設定」の「サブサーフェスの透光」をONにすると、光が透過するようになります。

たとえば、耳が光で透けて見えるような効果が得られます。

（Cycles レンダーでは設定不要）

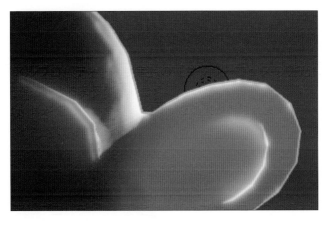

## ■ シーン (Sheen)

シーンは「毛糸」や「ベルベット」（電車のシートなど）の、こちらを向く側が暗く、周囲が明るくなるような材質を表現します。

主に衣服などに利用されます。

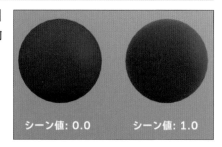

シーン値: 0.0 　　シーン値: 1.0

---

・「プリンシプル BSDF」ノードの「シーン」値を上げます。
・「ベースカラー」は暗めのほうが効果が分かりやすいです。
・「シーンチント」も上げたほうがリアルになります。

## 6.4　テクスチャ・マッピング

現実の物体には「模様」や「凹凸」があり、リアルな表現には避けては通れません。そのための機能が「テクスチャ・マッピング」です。

## ■ テクスチャの種類

テクスチャには「画像」と「プロシージャル」の2つのタイプがあります。

＊

「画像テクスチャ」は「jpg」や「png」などの「画像ファイル」を使用します。画像の用意が必要ですが柔軟です。

画像テクスチャ使用　　プロシージャルテクスチャ使用

「プロシージャル・テクスチャ」は、自動生成によるテクスチャです。

制御が難しいですが、仕組みが判れば準備なしで手軽に利用できます。

平面だけではなく「3D テクスチャ」を生成するものもあります。

## ■ 表面の模様の表現

### ● ノード設定

「プリンシプル BSDF」ノードの「ベースカラー」などの、「カラー入力ソケット」（黄色）につなげます。

### ● 色の合成と調整

色は「追加メニュー → カラー」カテゴリのノードで調整します。

「RGB ミックス」を使用することで、2つの「カラー」を合成できます（図）。

「コンバーター」カテゴリにも「RGB」各成分の「分解」や「合成」を行なうノードがあります。

## ■ テクスチャによる疑似的な凹凸の表現

画像の「輝度」や「RGB」から「法線情報」を生成し、凹凸を「疑似的」に表現できます（疑似なため、横から見ても凹凸は見えません）。

### ● バンプマッピング

「バンプ」ノードは画像の「輝度」や、「数値の大きさ」を「高さ」として受け取り、凹凸に見せます。

あまり深い凹凸は表現できません。

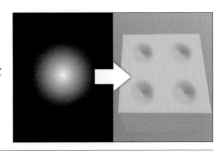

[1] テクスチャ・ノードの「係数」などのソケットを、「バンプ」ノードの「高さ」につなげます。

[2] 「バンプ」ノードの「ノーマル」を「プリンシプル BSDF」ノードなどの「ノーマル」につなげます。

[3] 「強さ」で「効果の強さ」、「距離」で「コントラスト」を調整します。

● ノーマルマッピングのノード設定

　ノーマルマップは法線ベクトルの
「XYZ」を「RGB」で表現した物で、
より立体的な凹凸の表現が可能です。

　「ノーマルマップ」ノードと「画像
テクスチャ」ノードを「カラーソケッ
ト」でつなぐ以外は「バンプ」と同様ですが、**「画像テクスチャ」ノードの
「色空間」を「非カラー」**にしないとうまく動作しないことがあります。

　また、使用する「ノーマルマップ」によっては、**「ノーマルマップ」ノー
ドの「空間（スペース）」**も変更する必要があります。

■ テクスチャのアルファ透過

　「PNG」フォーマットなどの画像の
「アルファチャンネル」を利用し、画
像の一部または全体を透過できます。
　ここでは右図の「木の葉」のように、
アルファ値で形状の一部をくりぬい
た画像を使用する例を解説します。

● シェーダー・ノードの設定

[1] アルファ値を持った「画像ファ
　　イル」を「シェーダー・エディタ」
　　に「ドラッグ＆ドロップ」するか、
　　「画像テクスチャ」ノードを追加・
　　設定します。
[2] 「画像テクスチャ」ノードの「カ
　　ラー」を「プリンシプル BSDF」
　　ノードの「ベースカラー」に、「ア
　　ルファ」を同ノードの「アルファ」
　　にリンクします。

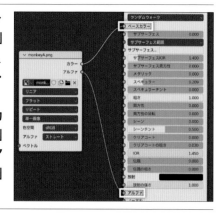

## ●「Eevee レンダー」での設定

「Eevee レンダー」では、設定も必要です。

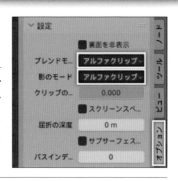

[1]「マテリアル・プロパティ」または「シェーダー・エディタ」の「サイドバー」の「オプションタブ」で、「設定」の「ブレンド・モード」と「影のモード」を「アルファクリップ」に設定します。

## ●「Eevee レンダー」での全体的に半透明なテクスチャの利用

「セロファン」などの「全体的に透過する」テクスチャを「Eevee」で使うには、「ブレンド・モード」を「アルファブレンド」※、または「アルファハッシュ」に設定します。

「影のモード」に「アルファハッシュ」を指定すると影が透過します。

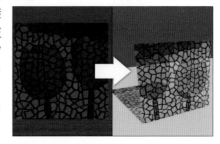

※「アルファブレンド」は「屈折」や「鏡面反射」に写りません。

## ■ テクスチャの座標系と操作

テクスチャを投影する「テクスチャの座標系」には種類があり、「テクスチャ座標」ノード（追加メニュー → 入力）で指定できます。

また、テクスチャノードの種類によってデフォルトの座標系が違います。たとえば「画像テクスチャ」では「UV」、「プロシージャル・テクスチャ」は「生成」を使います。

## ● UV 座標

各面に設定した「U」（横座標）と「V」（縦座標）を使います（→ 6-5）。

● **生成**

　オブジェクトの「テクスチャ空間」
（右図。「オブジェクトプロパティ →
ビューポート表示」にて表示可能）
を使います。

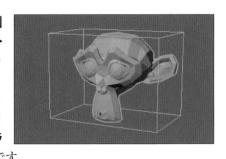

　テクスチャ空間は「オブジェクト
を囲む最小の箱」として自動生成さ
れ、「オブジェクトメニュー → トラ
ンスフォーム」で簡単な編集も可能です。

> ※「画像テクスチャ」ノードで「フラット」以外の投影方法が利用できま
> す（例：比率「2:1」画像の「球メッシュ」への「球」タイプでの貼付けなど）。

● **「マッピング」ノードによる操作**

　「マッピング」ノード（追加メニュー
→ ベクトル）でテクスチャの「移動・
回転・拡大縮小」ができます。

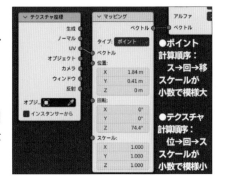

　使用時は、前述の「テクスチャ座標」
ノードを左に入れ、「座標系」を明示
的に指定する必要があります（**右図**）。

　「タイプ」によって、各項目の計算順序と、スケール時の挙動が変わりま
す（**上図右**）。

　たとえば、「ポイント」では「Z軸回転」の中心は常に同じですが、「テク
スチャ」では「位置」の値によって変化します。

　つまり、後ろのパラメーターが前の計算結果の影響を受けるということです。

### ■ よく使われる「プロシージャル・テクスチャ」

● **ノイズテクスチャ**

　「汚れ」や「凹凸」「雲」など、さ
まざまな用途で利用できる便利な
ノードです。

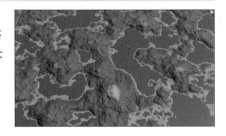

● ボロノイ・テクスチャ

は虫類の「うろこ」や、食品などの「凹凸」に使われます。

こちらも「カラーランプ」ノードなどで、「穴」や「ドット」を作ることができます。

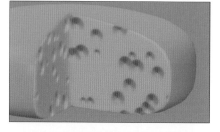

● 波テクスチャ

直線や、同心円状の波を作成します。

ランダムに「歪み」を付加することもでき、年輪なども表現可能です。

「RGB ミックス」ノードで重ね合わせ、図のような表現も可能です。

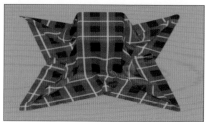

## ■「カラーランプ」ノードによる変換

「カラーランプ」ノードは、入力の「値」を対応する「色」に変換します。

「プロシージャル・テクスチャ」の出力を取捨選択するのに便利です。

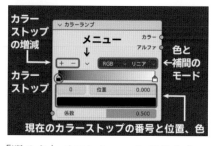

「カラーストップ」と呼ばれる「ポイント」に色を設定し、左右に動かすことで、出力の「コントラスト」や「明るさ」がコントロールできます。

## 6.5 UV 展開

「UV 展開」とは、モデルの形状データから各「面」に対応する「テクスチャ画像上の座標（0 ～ 1）」を記録したデータ（UV マップ）を作ることです。

手間が必要ですが、画像を柔軟かつ細かくマッピングできるため、広く使用されており、特にゲーム用のアセットには必須です。

### ■ UV マップの作成

「UV マップ」を作るには「メッシュ・オブジェクト」を「UV 展開」します。

追加メニューにある「プリミティブメッシュ」は、あらかじめ「UV マップ」

が作られていますが、自作のモデルでは新たに作る必要があります。

## ● UV 展開前の注意

・できればモデリングを完了しておいてください。UV 展開後に追加があると、その部分の UV 展開や、UV マップ上での場所の確保が必要になります。

・「ミラー・モディファイアー」使用時は、UV が片方だけになります。「ミラー・モディファイアー」を「適用」してから UV 展開してください。

・オブジェクトのスケールが「均一でない」（平たくしているなど）場合、先に**「オブジェクトメニュー → 適用 → スケール」**で現在の状態を「メッシュデータ」に反映しておかないと、UV マップも均一になりません。

## ● UV 展開のワークフロー

[1] 対象の「メッシュ・オブジェクト」を選択し、「ワークスペース」タブを「UV Editing」に切り替えます。

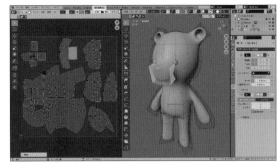

[2] 「編集モード」に入っているので UV を展開する面を選択します。

[3] 「UV メニュー」（[U] キー）から展開方法を選択します。

## ● UV 展開の戦略

目立つ部分やアップになる部分（顔など）に領域を多く割きつつ、投影面に対する「歪み」を減らすように展開するのが基本的な戦略です。

プリミティブの「UV マップ」が手本になると思います（**図**は「モンキー」）。

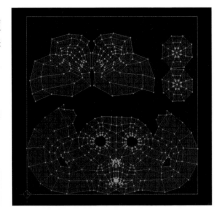

※ UV は重なってもかまいませんが、その面は同じ画像が貼られます。

## ■ UV 展開方法の選択

「UV メニュー」には、複数の展開方法があり、状況に応じて選択します。

### ● 一括で UV を自動展開する方法

「スマート UV 展開」は、2つの面の角度が「角度制限」内のものを連続しているパーツとして展開と梱包をします。

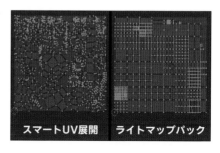

「ライトマップ・パック」は、すべての面をバラバラに展開と梱包をします。

スマートUV展開　ライトマップパック

＊

この2つは「テクスチャ・ペイント」や「ベイク」など用にすばやく自動展開したいときに便利です。

ただし、そのままで利用すると面と面の間に「継ぎ目」が出来たり、色がにじむことがあります。

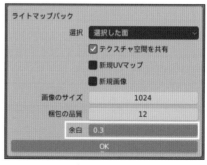

解決するには、実行前のダイアログの「余白」および「アイランドの余白」プロパティを「0.3」ぐらいに設定してください（右図）。

特に、他の「ゲーム・エンジン」などで使う場合には必須です。

### ● 展開とシームを繰り返す方法

「UV メニュー → 展開」や他の展開方法を使用し、「シーム」の指定や「ピン止め」による固定と、「展開」の実行を繰り返します。

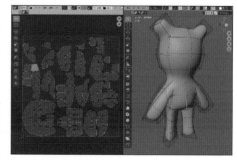

[1] 「3D ビューポート」の「編集モード」で「辺」を選択し「UVメニュー」（[U] キー）の「シームをマーク」で展開部分の「境界」を指定します。

[2] 「3D ビューポート」の「UV メニュー → 展開」などを実行します。

[3] 「UV エディタ」内で展開したくない「UV 頂点」があれば選択し、「UV メニュー → ピン止め」([P] キー)を実行します。

[4] 必要に応じて上記手順を繰り返します。

---

- 「未選択の面」や「未選択の UV 頂点」は展開されず、考慮もされません。
- 展開結果は「スマート UV 展開」などのように「**最後の操作を調整**」パネルで展開方法などを調整可能です。

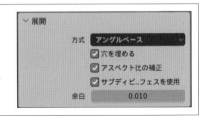

### ● 形状に合わせた投影方法

「円筒状投影」と「球状投影」はオブジェクトの方向、またはビューに対し手前側の軸を「UV」の中央にして、上方向の軸を中心に回る感じで展開します(図は「円筒状投影」)。

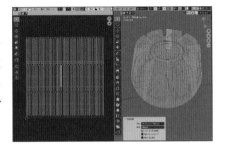

「キューブ投影」は各軸の 6 つの視点で重ねて展開されます。

後で「UV メニュー → アイランドを梱包」などで再配置する必要があります。

### ● ビュー表示のまま UV 展開

「ビューから投影」を使うことで、画面表示の形で UV を展開します。

「ビューから投影 (バウンド)」は UV 領域全体に引き延ばします(図)。

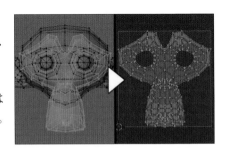

## ■「UV エディタ」での UV の編集

UV 展開の結果、「UV 領域」(UV エディタ内のグリッド)からハミ出るなど、UV を修正したいときは「UV エディタ」で編集できます。

### ● トランスフォーム・ツールについて

編集ツールは 3D ビューポートのメッシュ編集モードとほぼ同じです。

ですが、一部の「トランスフォーム・ギズモ」の形状が 2D 用になっています(**右図**)。

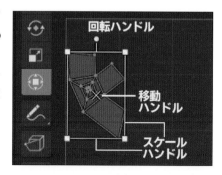

### ● UV 同期選択

「3D ビューポート」の選択と「UV エディタ」の選択を同期します。

デフォルトでは「3D ビューポート」で選択した面のみ「UV エディタ」に表示されるため、全 UV を常に表示したい場合にも便利です。

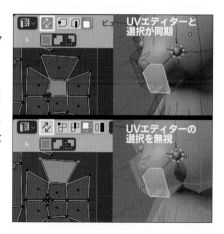

### ● アイランドモード

UV エディタには「頂点」「辺」「面」選択モードに加え、「アイランド」があり、つながる領域を一度に選択できます。

前述の「同期モード」では利用できません。

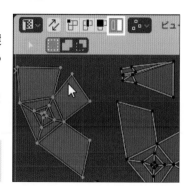

> ※ 他の選択モードでも、[L] キーで「つながっている部分」を選択可能です。

## ● 吸着選択モード

各面に対応する「UV頂点」は面ごとに独立していますが、デフォルトでは連続性を保つよう、同じ位置のUV頂点は一括して選択されます。

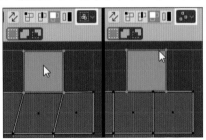

しかし、面ごとに移動したいこともあります。

そんなときは、図のアイコンから無効化できます。

## ● アイランド間に余白を空ける

「ピボットメニュー → それぞれの原点」にし、「スケール」ツールを使うことで、UV編集後も各アイランド間に余白を空けることができます。

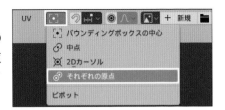

## ● 画像を表示しながらのUV編集

図のヘッダのボタンで画像を指定することで、画像を表示しながら「UV編集」ができます。

「マテリアル」への反映は「画像テクスチャ」ノードで行ってください。

## ■「UV」を元にした「テクスチャ」の作成

UV展開後の「テクスチャ画像」の作成には、次の方法があります。

・「テクスチャ・ペイント」モードでの、3Dビューポートでのペイント（次のページの「6-6　ペイント・モード」を参照してください）。
・「画像エディタ」で新規画像を追加してペイント。
・外部ペイントツールでの画像の作成。「UVエディタ」から「UVメニュー →
UV配置をエクスポート」で「UVマップ」を「PNG」形式でテンプレートとしてエクスポートすると便利です。

## 6.6　ペイント・モード

　Blender には、3D ビューポート上で直接モデルにペイントできるモードに、「テクスチャ・ペイント」と「頂点ペイント」の二種類があります。

### ■ テクスチャ・ペイント

　「テクスチャ・ペイント」は、その名の通り、モデルの「テクスチャ画像」にペイントできる機能です。

　「UV 展開」や画像の作成は必要ですが、柔軟な表現が可能です。

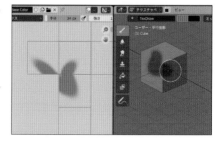

### ● ペイントの準備

[1] ペイントしたい「メッシュ・オブジェクト」を選択します。

[2]「ヘッダ」のタブを「Texture Paint」に切り替えます。

[3] 左側の「画像エディタ」に「UV」が展開されているかどうか確認し、なければ「UV 展開」します（→「6-5　UV 展開」）。ペイント時の「継ぎ目」を防ぐため、展開時にはアイランド間に「余白」を追加しておいてください。

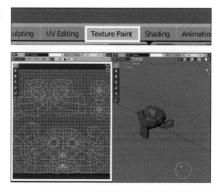

[4] 右端の「プロパティ・エディタ」のいちばん上の「ツール・プロパティ」が選択されているはずです。「テクスチャスロット」の図の [+] ボタンをクリックし「ベースカラー」など用途を選択します。

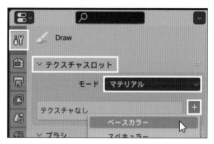

135

※ マテリアル内にすでに「画像テクスチャノード」がある場合、[4] 以降はパスされ、自動的にそのノードに設定されている画像が設定されます。別の画像にペイントして欲しい場合は、同ノード内から新規画像を作成してください。

[5] 図のような画像の設定パネルが表示されますので設定後、「OK」を押して新規作成します。
スロットには、新規画像が追加され、「メッシュ・オブジェクト」にテクスチャが灰色で（図の場合）表示されれば成功です。

[6] 左側の「画像エディタ」にペイントする画像が表示されていなければ、ヘッダの図のボタンから画像を選択しておきます。

## ● ペイント中の操作

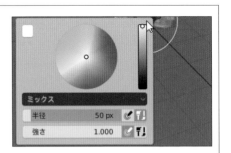

- 「左クリック」で「ペイント」。
- [Shift] + 左ドラッグで「セカンダリカラー」が使用可能です。
- 「右クリック」で「設定用パネル」（図）を開きます（右クリック選択キーマップの場合は [W] キー）。
- 3D ビューポート上部の「ツールの設定バー」や、「プロパティ・エディタ → ツールプロパティ」でも設定可能です。
- [F] キーで「ペンの太さ」が素早く変更できます。

## ● カラー・パレット

「ツールプロパティ→カラーパレット」から、パレットを新規作成、または図のボタンからバンドルのパレットを選択することで、現在の色の保存や復元ができます。

## ● ブラシタイプと「クローン・ブラシ」

「ツールバー」から他のブラシタイプに変更できます。

大半のブラシは、アイコンで分かると思うので、ここでは「クローン・ブラシ」と「マスク」のみ解説します。

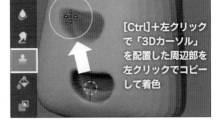

[Ctrl]+左クリックで「3Dカーソル」を配置した周辺部を左クリックでコピーして着色

[1] [Ctrl] ＋左クリックすると、「3Dカーソル」が配置されます。

[2] 「左クリック」で、3D カーソル周辺をコピーしてペイントできます。

---

## ● ステンシル・マスク

「マスキング」設定とマスクでペイントから対象の部分を保護できます。

---

[1] 「ツールプロパティ → マスキング → ステンシルマスク」を ON にします。

[2] 「ステンシル画像 → 新規」で新規画像を追加します。

[3] 「ツールバー」で「マスク」ブラシを選択し、マスク部分を塗ります（マスク削除は [Shift] ＋左ドラッグ）。

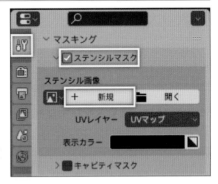

[4] 以降「ステンシルマスク」が ON の間は、マスクが暗く表示されます。

---

## ● キャビティ・マスク

「ツールプロパティ → マスキング → キャビティマスク」（上図）を ON にすると、形状の凹み部分がペイントから保護されます（準備は不要です）。

● **テクスチャブラシ**

　テクスチャ画像を「ブラシ」として使用できます。

---

[1] 3Dビューポートの「ツールの設定バー」の「テクスチャ」、または「ツールプロパティ → テクスチャ → 新規」をクリックします。

[2] 「テクスチャプロパティ → 設定」にて画像を指定します。

---

● **「画像エディタ」でのペイント**

　「画像エディタ」でも「ペイント」モードでペイント可能です。

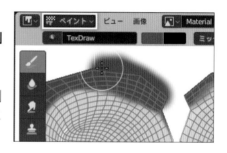

　「UV」は対応する面が「編集モード」内で選択中でないと表示されないことに注意してください。

● **ペイントやマスク画像の保存**

　ペイントした画像は自動的には保存されません。

　Blender終了時にダイアログが表示され、「保存」をクリックすると、画像がblendファイルに、「**パック**」（→「**3-4　ファイルの管理**」）して保存されます。

　別ファイルにしたい場合は「**画像エディタ**」で保存してください。

● **マテリアルの設定について**

　「**テクスチャスロット**」への新規画像追加時、使用マテリアル（未使用時は新規マテリアル）に自動で「**画像テクスチャ**」ノードが追加されます。

・ペイント中、ノードでテクスチャ画像を拡大縮小しても反映されません。
・「バンプ」ペイント時、3Dビューポートを「マテリアル・プレビュー」「レンダー」にすると、バンプマッピングの効果を見ながらペイントできます。

## ● ペイント中、面の間に継ぎ目が出る場合

次を試してみてください。

・「画像エディタ」で境界を塗る
・「ツールの設定バー → オプション → にじみ」を増やす。「UV アイランド」
（→ 6-5）間に充分余白がないと、他の部分に影響が出ることがあります。

## ■ 頂点ペイント

「頂点ペイント」は各頂点に「カラー属性」を設定して色付けするモードです。

自由度がモデルの頂点数に左右されますが、準備が不要で、細かな「スカルプトモデル」の着色にも便利です。

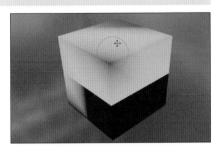

### ● 頂点へのペイント方法

「メッシュ・オブジェクト」を選択し、「頂点ペイント・モード」にするか、「スカルプト・モード」の「ペイント」ツールを利用すれば、「カラー属性」（下図）データがオブジェクトに追加され、編集可能になります。

### ● カラー属性レイヤーの手動追加

メッシュ・オブジェクトの「オブジェクトデータ・プロパティ → カラー属性」の［＋］ボタンで、手動でレイヤーを追加することもできます。

図のように最初に、「ドメイン」や「データタイプ」の指定があります。

「頂点ペイントモード」では「面コーナー」「Byte カラー」（頂点数が少

なく、塗り分けが必要なローポリモデル用）が、「スカルプト・モード」では「頂点」「カラー」（ハイポリモデル用）がデフォルトで設定されます。

## ● ペイントマスク

「3D ビューポート」の図のアイコンで、選択中の「面」や「頂点」のみペイント可能になります（デフォルトは「全選択」状態）。

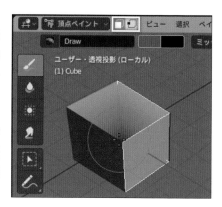

選択・選択解除は [Shift] + 左クリックを使います。「ツールバー」の「選択」ツールや、「編集モード」（[Tab] キー）でも選択できます。

通常、各頂点の色は周囲の頂点の色とブレンドされるため、境界で分けて塗りたいときは、この機能が必要になります。

## ● 色の塗りつぶし

「ペイントメニュー → 頂点カラーを設定」（[Shift] + [K] キー）を実行すれば現在の色で塗りつぶされます。

## ● ダーティ頂点カラー

凹んでいる部分の頂点に「汚し」を入れることができます。

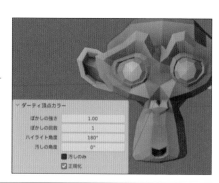

[1]「ペイントメニュー → ダーティ頂点カラー」を実行します。

[2]「最後の操作を調整」パネル上で調整します。

## ● マテリアルでの利用方法

「頂点ペイント」の場合は手動で設定を追加する必要があります。

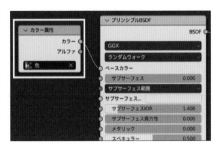

「シェーダー・エディタ」で「追加メニュー → 入力 → 頂点カラー」ノードを追加し「プリンシプルBSDF」ノードの「ベースカラー」につなぎます。

> ※ 複数の「カラー属性」レイヤーを作成し、それぞれの「カラー属性」ノードを追加後、「RGBミックス」(乗算など) で合成することもできます。

## ● スカルプト・モードでの頂点ペイント

スカルプトモードからも頂点ペイントが利用可能です。

ツールバーの図のブラシが利用可能で、色を変化させる「カラー・フィルタ」もあります。

> ※「ダイナミックトポロジー」や「マルチレゾリューション・モディファイアー」との併用はできません。

## ● ペイントモデルを陰影なしで表示

通常、ペイント中でもシェーディングされますが、3Dビューポートのシェーディング設定の**「照明」**を**「フラット」**に設定すれば、シェーディングされないようになります。

一度塗ったペイントカラーをスポイトで取得したいときは特に便利です。

## 6.7 ボリューム・マテリアル

「ボリューム・マテリアル」は「霧」や「湯気」「煙」などの気体を表現するマテリアルで、「ボリューム・シェーダー」ノードを「マテリアル」ノードに「ボリューム」ソケットでつなぐことで利用可能になります。

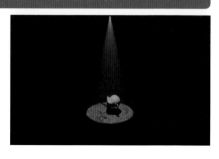

### ●「フォグ」と「ボリューム・ライト」の作成

「霧」や「ボリューム・ライト」を作ります。

[1]「立方体」を追加し、シーンを覆うよう「拡大」します。

[2]「Shading」タブに切り替え、デフォルトの「プリンシプルBSDF」ノードを「削除」します。

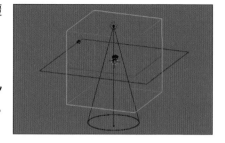

[3]「追加メニュー → シェーダー → プリンシプル・ボリューム」を追加し、「マテリアル出力」ノードの「ボリューム」とつなぎます。

[4]「プリンシプル・ボリューム」ノードの「密度」で濃さを変更します。

---

・「密度」は低め（「0.05」程度）で作ってみてください。

・「Cycles」レンダーでは、密度が一定でも問題なければ**「マテリアルプロパティ → ボリューム → 均質」**をONにすることで速度が向上します。

・「ワールド」の「ボリューム」ソケットに「ボリューム・シェーダー」をつないでも作成可能ですが、「Cycles」では「サン・ランプ」が使えず、「サーフェス」ソケットへの入力も無視されます。

・「ボリューム・オブジェクト」は別物です。

### ● 雲の作成

「ノイズテクスチャ」（3Dテクスチャ）を使って雲を作ってみます。

[1] 「シェーダー・エディタ」内の「プリンシプルBSDF」ノードを「削除」後、「追加メニュー → シェーダー」から「プリンシプル・ボリューム」ノードを追加、「マテリアル」ノードの「ボリューム」とつなぎます。

[2] 「追加メニュー → テクスチャ」から「ノイズテクスチャ」ノードを、「追加メニュー → コンバーター」から「カラーランプ」ノードを追加し、下図のように接続します。

[3] 「ノイズテクスチャ」と、「カラーランプ」を調整します。

・「Eevee」では、影を落とさないため（影を受けることのみ可）、厚い雲は作成できません。また、反射にも映り込みません（「3.3」時点）。

・「Cycles」では「メッシュ・オブジェクト」の形状を反映可能です。

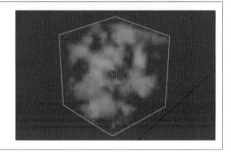

### ● ボリュームの品質設定

「レンダー・プロパティ」で品質が設定できます。

・「Eevee」では「ボリューメトリック → タイルのサイズ」を、「Cycles」では「ボリューム → ステップ率」を小さくすると品質が向上しますが、遅くなります。

・「Eevee」でも「ボリューメトリック・シャドウ」で、ある程度陰影付けは可能です。

## 6.8　ライティング

きれいな 3D-CG にはライティングが不可欠です。
頑張って作ったモデルも、照明によって見栄えも変わります。

> ※ 3D ビューポートで「シェーディング・モード」を「マテ
> リアル・プレビュー」にして利用しているときは、ライト
> 設定前に **「レンダー・プレビュー」** に切り替えてください。

### ■ ワールドによる環境照明

「ワールド」は、3D 空間を取り囲む「球」の形で背景を表現するデータ
ブロックです。

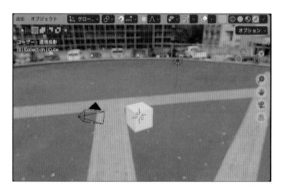

単なる背景ではなく、周囲からの照らす「光の発生源」としても働きます。

### ● HDR 画像による設定

デフォルトでは、単色で一様に照らすだけですが、「HDR 画像」を背景
に設定することで、リアルな照明が手軽に利用できます（**上図**）。

[1] 「シェーダー・エディタ」のヘッダで **「ワールド」** を選択します。

[2] 「追加メニュー → テクスチャ」から **「環境テクスチャ」** を追加します。

[3] ノード内の「フォルダーボタン」を押し、「HDR 画像」を指定します。

[4] 3D ビューポートを「透視投影」に切り替えます。

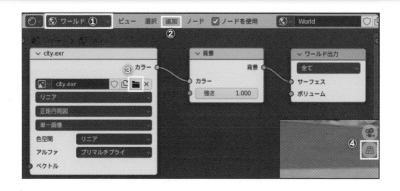

チュートリアルのように「Blender のインストールフォルダ → （バージョン名） → datafiles → studiolights → world」内の画像で試すといいでしょう。

### ●「環境テクスチャ」の方向を調整したい

「環境テクスチャ」も通常のテクスチャと同様に（→ 6-4 → ●テクスチャ座標）、「テクスチャ座標」ノードと「マッピング」ノードを「環境テクスチャ」ノードの左に追加することで、方向を調整できるようになります。

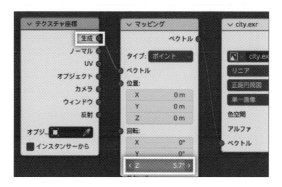

- テクスチャ座標は「生成」を使います。
- 方向は「マッピング」ノードの「回転」の「Z」を増減で操作できます。

※「Eevee レンダー」では環境照明は影を作りません。
同じシーン内に室内と室外があっても、どちらも同じように照らされます。
室内と室外が混在する場合は、後述の「間接照明（イラディアンス・ボリューム）」を使ってください。

## ■ ライトによる直接照明

「ライト」オブジェクトは光を放ち、他のオブジェクトを照らします。

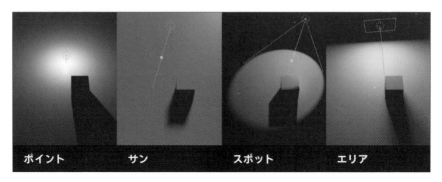

ポイント　　　　　サン　　　　　　　　スポット　　　　　エリア

### ● ポイント

いわゆる「点光源」で、大きさのない点から光を発します。

> ・「光の強さ」は距離に応じて減衰します。
> ・**「位置」のみ影響し**、方向はありません。「ロウソク」や「電球の光」を表現するのに適しています。
> ・「Eevee」では、**「カスタム距離」**を使うことで、照明の範囲を制限できます。「Cycles」ではノードを使います（後述）。

### ● サン

「平行光源」とも呼ばれ、光の強さは距離にかかわらず一定で、**「方向」**のみ影響します。

> ・「オブジェクトデータ・プロパティ → ライト → 角度」は、**「太陽の大きさ」**（**角直径**）を表わしており、デフォルトで地球上での現実の太陽の大きさが設定されています。
> ・ライト自体の角度は**「3D ビューポート」**で設定してください。
> ・デフォルトの**「強さ」**がかなり大きいので注意してください。

### ● スポット

「円錐」内のものを照らします。**「角度」**と**「大きさ」「距離」**があります。「ボリューム・ライト」（円錐中のチリが見える現象）については**「6-7」**の**「ボリューム・マテリアル」**を参考にしてください。

## ● エリアライト

「大きさ」と「方向」のある光源です。窓から入射する明るい光、蛍光灯など、多数の光源をリアルに再現できます。

大きさがあるため、影の端が大きくボヤけるのも特徴の1つです。

## ● メッシュライト

「プリンシプル BSDF」の「放射」で「面光源」として利用できます。

「3.3」時点の「Eevee」では、後述の「イラディアンス・ボリューム」の計算にのみ影響し、他のオブジェクトは照らしません（**下図は Cycles**）。

「Cycles」レンダーでも「最大バウンス数」や「影の生成」などの設定が利用できないという欠点があります。

## ● ブルーム（Eevee のみ）

厳密には特殊効果の一種ですが、「レンダープロパティ → ブルーム」をONにすると、明るいピクセルが輝くようになります。

「しきい値」で影響を受けるピクセルの範囲や、「ニー」や「半径」「カラー」「強度」で効果の調整ができます。

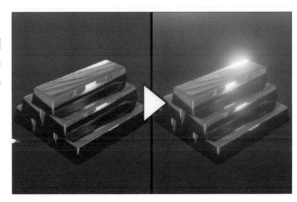

### ■ 「ノード」によるライト設定（Cycles のみ）

「Cycles」レンダーでは、ライトが「シェーダー・ノード」に対応しており、「シェーダー・エディタ」でさまざまな設定が可能です。

> ※ デフォルトではノードが設定されていませんので、**「シェーダー・エディタ」**のヘッダの**「ノードを使用」**を ON にしてください。

### ● ライトによるテクスチャ投影

「ポイント」や「スポット」で、「投影機」の効果が得られます。

[1] **「テクスチャ座標」**ノードで、**「ノーマル」**ソケットから、ライトの方向（ベクトル）を取得します。

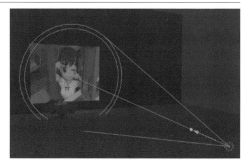

[2] **「マッピング」**ノードで、**「位置」**と**「スケール」**を調節します。

[3] **「画像テクスチャ」**ノードで、投影する画像を取得し、繰り返し処理を**「クリップ」**に設定して、画像の範囲を制限します。

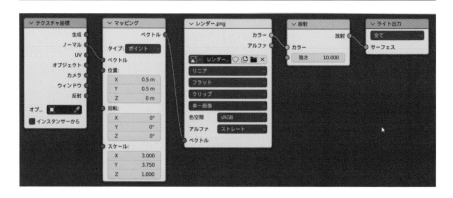

> ※ **「オブジェクトデータ・プロパティ → ライト → 半径」**を**「0」**にすると画像が鮮明になります。

### ● ポイントライトの距離の制限

「ポイントライト」の光
を一定距離に制限してみ
ます。

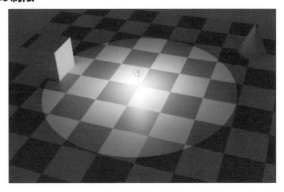

「ライトパス」ノードで取得した「レイの長さ」が設定値より「小さい」(数
式ノード)と「1.0」が出力されます(違えば「0.0」)。

それを「乗算」(数式ノード)の「値」と乗算後「放射」ノードに出力します。

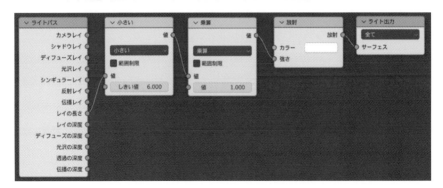

## ■「イラディアンス・ボリューム」による間接照明(Eevee のみ)

「イラディアンス・ボリュー
ム」(Irradiance Volume)
とは、光の「放射照度」(イ
ラディアンス)の「集合」(ボ
リューム)で、光の強さを
一定の間隔で立体的に記録
しておき、「間接照明」と
して使うための機能です。

　「Cycles」では、デフォルトで間接照明が行なわれ、室内のような複雑なシーンの照明も比較的簡単に作成できます（その代わり時間はかかります）が、「Eevee」ではこの機能で、あらかじめ計算する必要があります。

[1]「レンダープロパティ → アンビエント・オクルージョン（AO）」をONに、「ベント法線」「バウンスを近似」オプションをともにONにします。

[2]「追加メニュー → ライトプローブ → イラディアンス・ボリューム」で追加します。

[3] 間接照明対象の場所を囲むように移動・拡大縮小します。
　　内部の「ドット」（サンプル点）は室内に入るようにしてください。

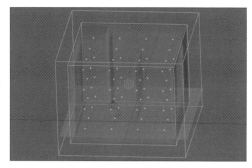

[4]「レンダープロパティ → 間接照明」の「間接照明をベイク」をクリックします。間接照明の情報が計算・記録され、利用可能となります。

### ● 設定と作業の進め方

　設定は全体的な「レンダープロパティ → 間接照明」（以下間接照明）と「イラディアンスボリューム・オブジェクト」ごとの「オブジェクトデータ・プロパティ → プローブ」（以下「プローブ」）の両方で行ないます。

・1つの「イラディアンス・ボリューム」の「解像度」は「4×4×4」以下が推奨されています。複数の部屋では複数置いてください。

・各「イラディアンス・ボリューム」間の継ぎ目では「プローブ」の「距離」と「減衰」を調整し、うまくオーバーラップさせてみてください。

・複雑な部屋で、光の反射が多く起こるような場所では、「間接照明 → ディフューズバウンス数」を増やすと光の量が増え、明るくなります。

- 明暗がブロック状になる場合は、**「間接照明 → キューブマップ・サイズ」**を増やしてみてください（ベイクは遅くなります）。

- 「ギザギザ」ができる場合は、**「間接照明 → ディフューズ・オクルージョン」**や、**「プローブ → 可視性 → ぼかし」**を増やしてみてください。

- 壁と壁の間の隅で光が漏れる場合は**「壁の厚みの増加」「『間接照明 → 放射照度のスムージング』の減少」「サンプリングポイント間に壁が入る位置へのイラディアンス・ボリュームの移動」**を試してみてください。

- どうしようもない場合は「Cycles」の使用を検討してみてください。

## ■ コースティクス（Cycles のみ）

コースティクス（集光模様）とは、光が集まって出来た模様のことです。

図のように光が屈折してできた物を**「屈折コースティクス」**、反射してできたものを**「反射コースティクス」**と呼びます。

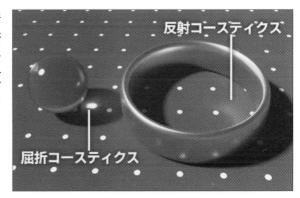

### ● 光沢フィルタの無効化

「光沢フィルタ」（レンダー・プロパティ → ライトパス → コースティクス）は光沢部分のノイズを軽減するための機能です。

しかし、デフォルトの「1.0」ではコースティクスは非常に弱められてしまいます。

この値を減らすことで、かなり改善されます。
デノイザーも高性能化しているため、「0.0」で完全に切ってしまってもいいかもしれません。

### ● ライトの追加

「ワールド」だけでなく、ライトを追加するほうが、より明るい「コースティクス」が生成されます。

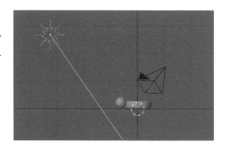

### ■ シャドウコースティクス（Cyclesのみ）

「シャドウコースティクス」は近似により、少ないサンプル数で明るい**「屈折コースティクス」**を生成します。

標準のコースティクス

シャドウコースティクス

標準とは違う形に出るため、使い分けが必要です。

・直接光源
・屈折オブジェクト（コップなど）
・受信オブジェクト（床など）

の3種類に設定が必要です。

● **直接光源**
「オブジェクトデータ・プロパティ
→ ライト → シャドウコースティク
ス」をONにします。
これが実質的にこの機能のスイッ
チになります。

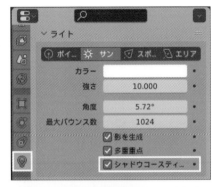

● **屈折オブジェクト**
「オブジェクト・プロパティ →
シェーディング」の「シャドウコー
スティクスを投影」をONにします。

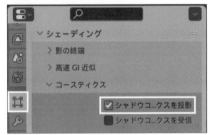

● **受信オブジェクト**
「シャドウコースティクスを受信」を同様にONにします（**上図下**）。

> ※ 状況によっては不自然なコースティクスになる場合があります。
> ※ **光沢フィルタは自動的に無効になります。**
> ※「バンプ・マッピング」などのテクスチャでの疑似的な凹凸は無視され
> ます。

## 6.9 影の設定

### ■ アンビエント・オクルージョン

「アンビエント・オクルージョン」（Ambient Occulusion、以下「AO」）は、周囲の遮蔽情報を元にその場所の影の強さを決める機能で、「凹み」や「近くで相対する面の間」などに現われる「周囲からの光が作る影」を表現します。

　立体感が加わり、「汚し効果」も手伝い非常にリアルになります。

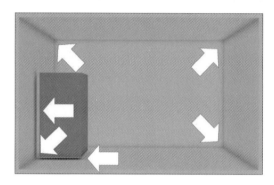

### ● 「Eevee レンダー」での設定

「レンダープロパティ → アンビエント・オクルージョン」を ON にします。特に理由がないかぎり、有効化することをお勧めします。

・「**距離**」は影響を及ぼす距離です。この距離より離れた面の間では「AO」が生成されず、明るくなります。

・「**係数**」は強さを表わしますが、影が濃いと感じたら先に「距離」を減らしてみてください。

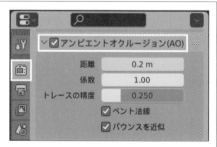

・「**トレースの精度**」は問題が出た場合に上げてみてください。

・「ベント法線」と「バウンスを近似」もたいていはそのままで OK です。

### ● 「Cycles レンダー」での設定

「ワールドプロパティ → アンビエント・オクルージョン」で使用可能ですが、自然発生するため通常はほぼ使用されません。

## ■「Eevee」レンダーでの影の設定

「Eevee」は応答性を優先しているため、デフォルトの影の品質はあまり高くありません。プロパティによる調整が必要になります。

### ● レンダー・プロパティでの設定

「レンダープロパティ → 影」では、「全体的」な影の品質設定が可能です。

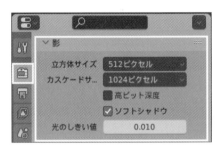

「カスケードサイズ」は「サン」ライトの、「立方体サイズ」は残りのライトタイプの「影の解像度」です。

大きくすればきれいになりますが、速度は遅くなり、ビデオメモリの消費量も増えます。

「高ビット深度」も同様に品質と引き換えに遅くなります。

「ソフトシャドウ」は、くっきりした影が必要なら OFF にしてください（代わりに影の解像度が低いと、ジャギーが生じます）。

### ● ライト側での設定

「オブジェクトデータプロパティ → 影」(ライトオブジェクト選択時) にて、いくつか設定が可能です。

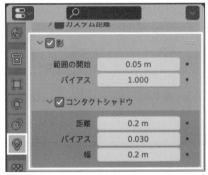

「範囲の開始」は、「ライト」をランプ形状の中に入れた時、その形状のオブジェクトを影の対象から外したいときなどに使います。

　「バイアス」は、形状自身の上に生
成される影（セルフ・シャドウ）の
量を調整します（図の目の下の影）。

　値が大きいほど薄くなります。

バイアス: 0.01　　バイアス: 5.0

### ● コンタクト・シャドウ

　「オブジェクトデータプロパティ →
影 → コンタクト・シャドウ」は、面
同士が接する部分で影が途切れたり、
光が漏れるなどの問題を解決します。

　通常は有効にするだけで解決しま
すが、それでも足りないときは「**距離**」
を上げてみてください。

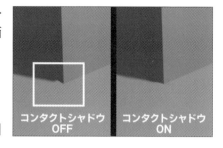

コンタクトシャドウ
OFF　　コンタクトシャドウ
ON

　壁などで光が漏れる場合は、この機能の使用とともに形状に「厚み」を付
けると効果的です。

### ● 半透明の影

　「マテリアルプロパティ → 設定」
または「シェーダー・エディター →
サイドバー → オプション」の「影の
モード」で「アルファハッシュ」を
選択し、「シェーダー」ノードの「ア
ルファ」値を設定することで半透明
の影になります（ただし「Blender
3.3」の時点では色は付きません）。
　「6-4　テクスチャ・マッピング」
の「■テクスチャのアルファ透過」
も参照してください。

# 第7章

# 「カメラ」と「レンダー」

「カメラ」は、シーンの一部を写し、「レンダー」はそれを計算
して出力（レンダリング）します。

本章では「カメラ」と「レンダー」の設定、そして「合成」を
行なう「コンポジター」について解説します。

## 7.1 カメラの設定

「カメラ」は、3D 空間を切り取る重要なツールです。

「カメラ・オブジェクト」には、カメラ自体の設定だけでなく、ユーザーを補助する便利な機能もあります。

### ■ カメラの移動と回転

#### ●「3D ビューポート」からの移動と回転

他のオブジェクト同様に、カメラも「移動」や「回転」が可能です。

※「Animation」ワークスペースにすると、操作しながらカメラビューで確認できて便利です。

※ ギズモで「焦点距離（画角）」や、「被写界深度」（後述）の設定がマウスでできます（**右図**）。

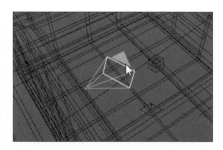

#### ● カメラ・ビューからの移動と回転

「カメラ・オブジェクト」選択時、「カメラビュー」（テンキー [O] または 3D ビューポート右端のカメラビュー切り替えアイコン）にて下記のショートカット・キーで操作できます。

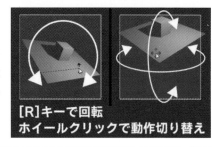

[R]キーで回転
ホイールクリックで動作切り替え

・[G] キーで、カメラをマウスで平行移動できます。**ホイールクリック**で、「前後移動モード」になります（[C] キーでリセット）。

・[R] キーで、カメラを傾けることができます。**ホイールクリック**で「ターンテーブル回転」になります（**上図**）。

#### ● 3D ビューポートの視点でカメラの視点を設定

・ビューメニュー → 視点を揃える → 現在の視点にカメラを合わせる

([Ctrl] + [Alt] +テンキー [O])

現在のビューの画面でカメラの視点を設定します。

完全に同じにはなりませんが、ふだん利用するビュー操作が利用できて便利です。

このカメラが上からの視点に変更されている

## ■ 焦点距離の設定 (カメラオブジェクト選択時)

・オブジェクトデータ・プロパティ → 焦点距離

「焦点距離」プロパティで「画角」が設定できます。

値が小さいと「広角」に、大きいほど「望遠」になります。「視野角」による指定も可能です。

50mm (39.6°)

15mm (100°)

## ■ 被写界深度の設定

「被写界深度」とは、一般的にはカメラのピントが合う範囲のことですが、3D-CGでは逆にボヤけさせたいときによく使われる言葉です。

小さいスケールのシーンでリアリティを与えるのに便利です。

[1]「オブジェクトデータプロパティ → 被写界深度」をONにし、「焦点のオブジェクト」を設定、または「ピントの位置」を設定します。

[2]「絞り → F値」を「0」にし、好みの設定になるまで上げていきます。また、残りの設定で「ボケ」の形状を操作できます。

※「カメラプロパティ → ビューポート表示」で「リミット」をONにすると、マウスで被写界深度を設定できます。後述の「範囲」設定にも便利です。

## ■ その他の便利な機能

### ●「平行投影」を使いたい
「オブジェクトデータプロパティ → レンズ → タイプ」で変更できます。

> ・平行投影時は、「カメラ」と「オブジェクト」との距離が表示サイズに影響しません。「平行投影のスケール」で調整してください。
> ・「パノラマ状」で、パノラマ画像もレンダリング可能です（Cycles のみ）。

### ● 壁の外から中のものを映したい
「オブジェクトデータプロパティ →
レンズ → 範囲の開始」からカメラまでの間のオブジェクトを無視できます。
同様に「オブジェクトデータプロパティ → レンズ → 範囲の終了」で、範囲を広げることもできます。

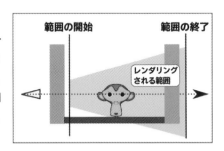

### ● アクティブカメラを変更したい
現在利用しているカメラを切り替えるには、他のオブジェクトを「選択」後「ビューメニュー → カメラ設定 → アクティブオブジェクトをカメラに設定」を実行、または「シーンプロパティ → シーンパネル → カメラ」で指定します。

### ● 構図を決めるガイドが欲しい
カメラ選択中に「オブジェクトデータプロパティ → ビューポート表示 → コンポジションガイド」から、さまざまな種類が利用できます。

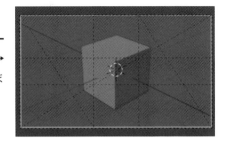

### ● 消失点を移動したい
「オブジェクトデータ・プロパティ → レンズ → シフト X、Y」を使います。

## 7.2　レンダリングの設定

本章では、主に「出力設定」と「最適化」に関して解説します。
質感付けなどは「6章　質感付けとライティング」を参照してください。

### ■ レンダーエンジンの選択

レンダリング用のエンジンは「**レンダー・プロパティ**」で選択します。

- ・「Eevee」レンダーはリアルタイムで高品質な画像を作成可能です。
- ・「Cycles」レンダーはさらに光が複雑に反射する画像が生成できます。
- ・「Workbench」は重いシーンの作業用のレンダーです。本書では割愛します。
- ・**6章**も参照してみてください。

「Cycles」ではデバイスに「CPU」と「GPU」が選択でき、「GPU」を使う場合は、先に「**編集メニュー → プリファレンス → システムタブ**」にて利用可能なデバイスの API を選択してください（**右図**）。

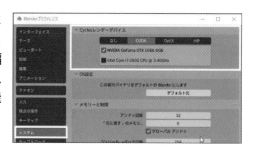

### ■ 画像サイズの設定

画像サイズは「**出力プロパティ**」で設定します。
「**%**」はテスト用に使います。

※ 設定の変更によって画像の比率が変わる場合、カメラ側の撮影範囲も変わることに注意してください。

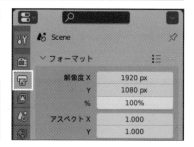

## ■ レンダリングと静止画像の保存

「レンダーメニュー → 画像をレンダリング」（[F12] キー）で、デフォルトでは別ウィンドウが開き、そこに画像がレンダリングされます。

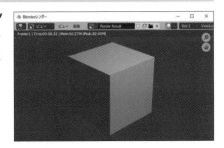

---

・ウィンドウを閉じてしまっても「レンダーメニュー → レンダー画像を表示」（[F11] キー）で再表示できます。
・[Esc] キーで元の表示に戻ります。
・他の「画像エディタ（①）」内で「Render Result」（②、③）にしても表示可能です（**右図**）。

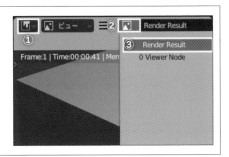

---

### ● 静止画像の保存
「（≡ ボタン →）画像メニュー → 保存」を実行すると、「ファイル・ブラウザ」から保存できます。出力フォーマットもここで選択可能です。

※「Render」ワークスペースタブからも表示・保存できます。

### ● レンダリング画像の表示場所の変更
「編集メニュー → プリファレンス」から「インターフェイス（①）→ エディタ → 一時ウィンドウ（②）→ レンダリング画像表示方法（③）」で場所を設定できます。

たとえば**「画像エディタ」**を選択すると「ワークスペース」内の画像エディタに表示されます。

## ■ その他の便利な機能

### ● 一部分だけレンダリングしたい
「レンダー領域」機能を使います。

[1] 「カメラビュー」で「ビューメニュー → ビュー領域設定 → レンダー領域」を実行します。

[2] レンダリングしたい場所を「ドラッグ」で指定します。赤い枠が表示され、「Cycles」かつ「レンダープレビュー」の場合は指定部分のみ表示されます。（図）

[3] レンダリングします。

---

・解除するには、同メニュー内の「**レンダー領域のクリア**」を実行します。
・無効化だけなら「**出力プロパティ → レンダー領域**」を OFF にします。
・デフォルトでは、元と同サイズの画像が生成されますが、「**レンダー領域をクロップ**」オプションで、レンダー領域サイズの画像が生成されます。

---

### ● 画像を比較したい

「画像エディタ」のヘッダから、画像をレンダリングする先の「**レンダー・スロット**」を切り替えできます。

設定別に画像をレンダリングし、比較・調整したい時などに便利です。

### ● 画像の明るさを変えたい
「レンダープロパティ → フィルム → 露出」を変更します。「カラーマネージメント → 露出」は表示のみであることに注意してください。

### ● 背景部分を透明にしたい
「→ 7-4　コンポジティング」を参照してください。

### ■ ベイク機能（Cycles のみ）

「ベイク機能」は、「テクスチャ」に、レンダリング結果を出力します。

ここでは「ハイポリ・モデル」の凹凸を「ノーマル・マップ」にベイクし、「ローポリ・モデル」で使用してみます。

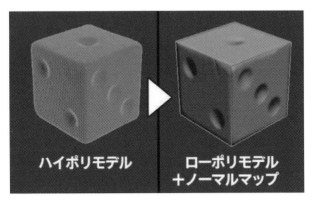

[1] 細部をもつ「ハイポリ・オブジェクト」と「ローポリ・オブジェクト」を同じ位置に配置します。

「ローポリ・オブジェクト」は UV 展開しておいてください。

[2]「ローポリ・オブジェクト」に「画像テクスチャ」ノードと「ノーマルマップ」ノードを追加し、「新規」ボタンで画像を追加します（「16 ビット Float 画像」は OFF）。

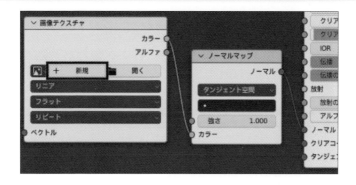

[3] 「アウトライナー」で「ハイポリ
　　→ ローポリ・オブジェクト」の
　　順に [Ctrl] キー + クリック で複
　　数選択します。

[4] 「レンダープロパティ → ベイク
　　→ ベイクタイプ」を「ノーマル」
　　にします。

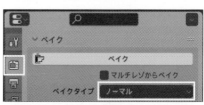

[5] その下の「選択 → アクティブ」
　　と、「ケージ」を ON にします。
　　もし「ハイポリ・モデル」が「ロー
　　ポリ・モデル」から突き出てい
　　るなどで、ベイクに失敗する場
　　合は「ケージを押し出し」も上
　　げて再ベイクします。

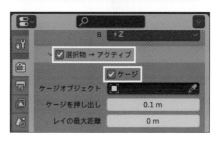

[6] 「ベイク」ボタン（[4] の右図）をクリックすると、[2] で新規追加した
　　画像に「ノーマル・マップ」が出力されます。
　　なので、「画像エディタ」から画像を保存します。

---

「ノーマル・マップ」の使用は（**6-4　テクスチャ・マッピング**）を参照
してください。ベイク後は「Eevee」でも利用可能です。

## 7.3 「Cycles レンダー」の最適化

「Blender 3.0」から「Cycles レンダー」のワークフローが自動化され、従来の最適化方法とは変わりました。

### ■ ワークフロー

デフォルトの Cycles の動作は、「レンダー・プロパティ → サンプリング」で設定する、下記の条件（上の条件が優先）のいずれかを満たすとレンダリングを終了し、その後有効になっていれば「デノイズ」処理（後述）を行なうといった流れになります。

なお、サンプル数は全体的な物であり、自動的に必要なところに多く割り当てられるようになっています。

[1]「時間制限」を超える（「0」で無効）
[2] ノイズが「ノイズしきい値」未満になる
[3]「最大サンプル数」に達する

「最小サンプル数」で必要なサンプル数を設定できますが、この場合も「時間制限」が優先されます。

※「時間制限」には前処理の「BVH 構築時間」などは含まれません

最初は「最大サンプル数」を必要な分設定し、その後デノイズで細部が潰れない程度に処理できるレベルまで下げていくのは以前と同じです。

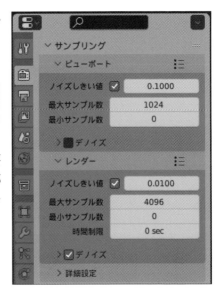

## ■ デノイズの設定

「デノイズ」とは、画像処理で「ノイズ」を除去する機能です。
自動で処理できる反面、細部が潰れる可能性もあります。

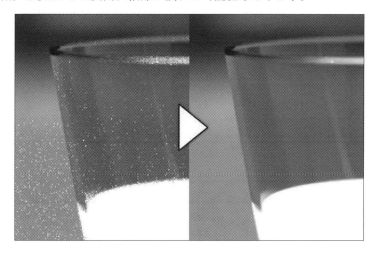

Blender では、デフォルトで有効になっており、機械学習のおかげで調整もほぼ不要です。

「レンダー・プロパティ → サンプリング → デノイズ」で方法などが設定できます。

「デノイザー」では「OpenImageDenoise」と「OptiX」が選択できます。

・「OpenImageDenoise」はデフォルトのデノイザーで「CPU」を使います。
　少し時間はかかるものの、大半の画像はこちらのほうが綺麗になります。
・「OptiX」は「GPU」が「NVIDIA」製の場合のみ利用可能です。高速ですが、
　画質は若干劣るため、急ぐ時や問題があったときに使ってみてください。

「プレフィルター」も問題が生じたときに変更してみてください。

## ■ ポータルによるノイズ削減

窓からの光が入射するシーンを作る際、窓の部分をこのオプションを使った「エリアライト」で覆い「ポータル（入り口）」に設定することで、ノイズが全体的に軽減できます。

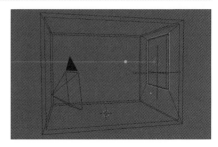

デノイズがあるため、あまり意味がないように思う方もいるかもしれませんが、ポータルで軽減した分「ノイズしきい値」に早く達するため、結果的にレンダリング時間が短くなります。

使用方法は光の入り口を覆う大きさの**「エリアライト」**を追加し（**上図**）、**「オブジェクト・データプロパティ → ライト → ポータル」**を ON にします。

> ※ このオプションを設定した「エリアライト」は光を発しないので、必要なら他の光源も追加してください。

## ■ コースティクス設定によるノイズの削減

ノイズの1つである「輝点」は「コースティクス」（集光模様）が原因とされています。

不要であれば**「レンダープロパティ → ライトパス → コースティクス」**でOFFにすると軽減できます。

また、**「レンダー・プロパティ → 光沢フィルター」**の値を上げても輝点を減らせますが、代わりにコースティクスの形状が変わったり、消えてしまうなどの副作用もあります（→ **6-8**）。

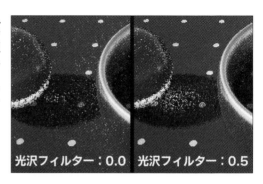

光沢フィルター：0.0　　光沢フィルター：0.5

# 7.4　　　コンポジティング

「コンポジティング」とは「合成」の意味で、Blender では「コンポジター」
にて画像の「合成」や「調整」「特殊効果の付加」などが行なえます。

## ■ 使用方法

[1]　「Compositing」ワークスペース（①）に切り替えます。

[2]　上側のエディタ、「コンポジター」のヘッダの「ノードを使用」（②）を
ON にします。

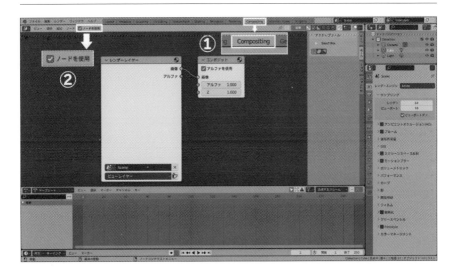

　上図では何も表示されていませんが、レンダリングを行なうと、その画像
が「レンダーレイヤー」ノードに表示され、右側のソケットから「パス」が
出力されます。

（表示されない場合は「ノード」右上の「球」アイコンをクリックしてみて
ください）。

　このパスを「コンポジット」ノードの間に、「シェーダー・ノード」のよ
うにさまざまなノードを追加して処理します。

「レンダーレイヤー」ノードの出力は、「ビューレイヤープロパティ→パス」にて必要なものを追加します。

右図は、「Eevee」のパスの一部で、「Cycles」では、もう少し増えます。

\*

「レンダー・レイヤー」から出力される情報は、現在「Render Result」にレンダリングされた画像を元にしています。

※「パス」パネルで新たに要素を追加した場合は、「レンダーレイヤー」ノード右下の「フィルム」ボタンなどで再レンダリングしてください。

● ビューア・ノードと背景表示

「コンポジティング処理」の画像は、レンダリング画像と同じウィンドウに表示されますが、途中経過の画像も見たいときがあります。

「ビューア」ノード（追加メニュー → 出力）を使えば、ノードに入力された画像を「ノード・エディタ」の背景に表示できます。

「ビューア」ノード追加時、位置と表示サイズを調整可能な「枠」が現われ、他の「出力ソケット」とつなぐとここに画像が表示されます。

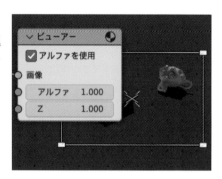

複数の「ビューア」ノードがある場合は、最後に選択した「ビューア」ノードの内容を表示します。

## ■ コンポジティング処理画像の保存

処理後の画像の保存には、いくつか方法があります。

### ● 画像エディタ内で保存

通常のレンダリング画像の保存同様、メニューなどから保存が可能です。

表示されない場合は「ビューアーノード」を追加後、「画像エディタ」の現在の画像を「Viewer Node」に変更してみてください。

### ● ファイル保存ノードの使用

「ファイル保存」ノード（追加メニュー → 出力）を追加し、他の「ビューア」ノード同様に、出力ソケットにつなぎ、「フォルダアイコン」クリック後に保存フォルダを指定すると、「レンダリングのタイミング」で保存されるようになります。

## ■ コンポジターの使用例

### ● ブルーム効果

「Cycles」にはない「ブルーム」を、「グレア」ノードで実現しています。

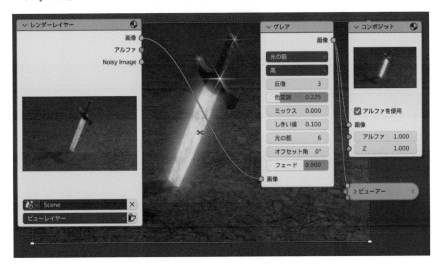

● 特定のマテリアル・インデックスの面にハメコミ画像を合成

「マテリアル・プロパティ → 設定 → パスインデックス」に特定の値を設定し、「マテリアルインデックス」パスの出力を設定した後、「IndexMX」ソケットで取得、「数式」ノードの「比較」モードで振り分け、「ミックス」ノードで手前のモニターに他の画像を合成しています。

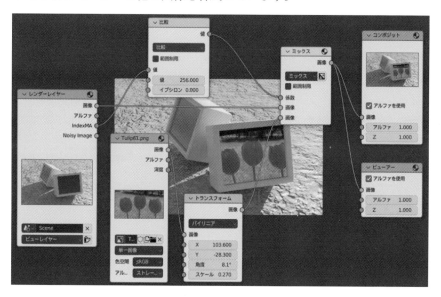

## ■ アルファ透過用のレンダリング設定

Blenderのレンダラーには画像を合成するために、画像の一部を「アルファ透過」してレンダリングする機能があります。

### ● 背景の「アルファ透過」

「ワールド」が表示されている背景部分を透過できます。

「レンダープロパティ → フィルム → 透過」をONにします。

「Cycles」では、「ガラス」のマテリアルも透過可能です（**右図**）。

「アルファオーバー」**ノード**などで利用可能です。

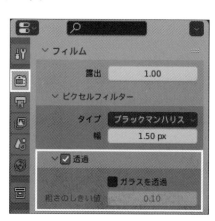

※ この機能の使用時は、保存フォーマットの**「カラー」**が**「RGBA」**に設定されている必要があります（**ファイル・ブラウザの「歯車」アイコン内**）。
※ **「プリマルチプライド・アルファ」**になります。

● **特定の部分の透過（ホールドアウト）**

「**オブジェクトプロパティ → 可視性 → ホールドアウト**」でその「オブジェクト」が、「マテリアル」で**「ホールドアウト」**シェーダーノードを使うことで、そのマテリアルを使った面が透過します（**下図**）。

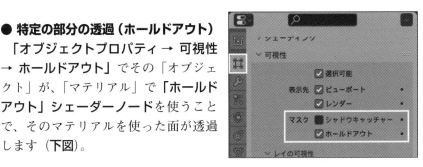

● **シャドウ・キャッチャー（Cycles のみ）**

「シャドウ・キャッチャー」は、Blender で生成される「影」だけを画像にレンダリングする機能です。

影を受けるオブジェクト（床など）の**「オブジェクトプロパティ → 可視性 → シャドウ・キャッチャー」**（上図）を ON にします。

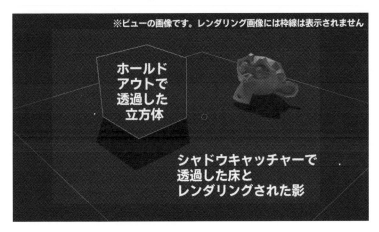

※ビューの画像です。レンダリング画像には枠線は表示されません

ホールドアウトで透過した立方体

シャドウキャッチャーで透過した床とレンダリングされた影

# 索 引

**[著者プロフィール]**

山崎　聡（やまさき・さとし）

Blender.jp 主宰。
たぶん Blender のユーザー・インターフェイス日本語翻訳係。
下記サイトではリリースノートも翻訳中。
次々と追加される新機能に翻弄される日々。

https://blender.jp/

≪質問に関して≫

本書の内容に関するご質問は、

① 返信用の切手を同封した手紙
② 往復はがき
③ FAX(03)5269-6031
　( ご自宅の FAX 番号を明記してください )
④ E-mail　editors@kohgakusha.co.jp

のいずれかで、工学社 I/O 編集部宛にお願いします。
電話によるお問い合わせはご遠慮ください。

**I/O BOOKS**

# 基礎からの Blender 3

2022年9月30日　初版発行　ⓒ 2022

著　者　山崎　聡
発行人　星　正明
発行所　株式会社 **工学社**
　　　　〒160-0004 東京都新宿区四谷4-28-20 2F
電　話　(03)5269-2041( 代 ) [営業]
　　　　(03)5269-6041( 代 ) [編集]
振替口座　00150-6-22510

※定価はカバーに表示してあります。

[ 印刷 ] (株)エーヴィスシステムズ

ISBN978-4-7775-2212-5